MÜNSTERSCHWARZACHER KLEINSCHRIFTEN

herausgegeben
von Mönchen der Abtei Münsterschwarzach

Band 52

Anselm Grün OSB

Träume auf dem geistlichen Weg

VIER-TÜRME-VERLAG MÜNSTERSCHWARZACH
1989

Anselm Grün OSB

Träume auf dem geistlichen Weg

VIER-TÜRME-VERLAG MÜNSTERSCHWARZACH
1989

CIP-Titelaufnahme der Deutschen Bibliothek
Grün, Anselm:
Träume auf dem geistlichen Weg / Anselm Grün . –
Münsterschwarzach : Vier-Türme-Verlag, 1989
(Münsterschwarzacher Kleinschriften ; Bd. 52)
ISBN 3-87868-383-9
NE: GT

7. Auflage 1996
Gesamtherstellung: Vier-Türme-GmbH, D-97359 Münsterschwarzach Abtei

ISSN 0171-6360
ISBN 3-87868-383-9

INHALT

Einleitung

Psychologische Traumbücher gibt es schon genug. Aber daß wir auf unserem geistlichen Weg die Träume beachten sollen, davon findet man in der spirituellen Literatur wenig. Und dennoch war der Traum für die Alten der Ort, an dem Gott zu uns spricht. In den psychologischen Traumbüchern werden zumeist die Träume Kranker berichtet und analysiert. Die Träume dienen dabei der Analyse und der Therapie zugleich. Aber die geistliche Dimension der Träume kommt kaum zum Tragen. In dieser Kleinschrift wollen wir daher die geistliche Bedeutung der Träume behandeln. Es geht um eine Spiritualität, die den Menschen mit allen seinen Bereichen berücksichtigt. Ansätze für so eine ganzheitliche Spiritualität finden wir schon im alten Mönchtum. Diese Ansätze wollen wir weiterführen.

Es sind vor allem drei Bereiche, die auf dem geistlichen Weg beachtet werden müssen, weil Gott uns darin begegnet und zu uns spricht: unsere Gedanken und Gefühle, unser Leib und unsere Träume. Gott spricht zu uns in seinem Wort, das uns die Heilige Schrift überliefert. Er spricht vor allem auch durch uns selbst, und da sind es eben diese drei Bereiche, die wir beachten sollen, um Gottes Wort für uns persönlich zu vernehmen. Für Evagrius Ponticus gibt es keine echte Gottesbegegnung ohne ehrliche Selbstbegegnung. Spiritualität wird leicht zu einer frommen Flucht vor sich selbst, wenn wir die Selbstbegegnung ausklammern. Indem wir uns selbst begegnen, begegnen wir schon Gott. Und umgekehrt: sobald wir Gott näherkommen, kommen wir auch uns selbst näher.

Im alten Mönchtum wurde vor allem der Umgang mit den Gedanken und Gefühlen als entscheidender Schritt auf dem spirituellen Weg beschrieben. Aber wie ein Blick in die Bibel und in die geistliche Tradition zeigt, wurden auch die Träume beachtet. Man rechnete damit, daß Gott zu uns in den Träumen spricht. Heute fragen viele Menschen verzweifelt, wo sie denn Gott finden könnten und wo und wie Gott wirklich zu ihnen spreche. Sie sind skeptisch, ob Gott im Gebet zu ihnen spricht oder ob es die eigenen Gedanken sind, die sie sich selbst einreden. Die Mönche haben daher die Lehre von der Unterscheidung der Geister entwickelt, um uns ein Instrumentarium zu geben, wie wir im Gebet sensibel werden können für Gottes Sprechen zu uns. Im Gebet sind wir oft zu aktiv. Wir reden die ganze Zeit. Und wenn wir schweigen, erwarten wir, daß Gott nun endlich etwas sage. Wir schreiben Gott gleichsam vor, daß er sich vernehmbar mache. Wir zwingen ihn in unser Schema. Doch Gott läßt sich nicht von uns vorschreiben, wie und wann er zu uns reden solle.

Der Traum ist ein Ort, an dem unsere eigene Aktivität ausgeschaltet oder zumindest stark vermindert ist. Da haben wir das Heft nicht mehr in der Hand. Und so kann da Gott viel leichter in unser Leben einbrechen. Wir sagen, die Träume stammen aus dem Unterbewußten. Aber warum jetzt gerade dieser oder jener Traum aufsteigt, können wir auch nicht sagen. Wir bringen den Traum mit unseren jeweiligen Erfahrungen in Verbindung. Aber auch das ist noch kein zwingender Grund, daß jetzt gerade dieser Traum hochkommt. Daher ist es durchaus legitim, mit den Alten zu glauben, daß Gott uns die Träume schickt und daß Gott uns damit etwas sagen will.

Wir können die Träume nicht erzwingen, wir können nur auf sie warten und sie wie ein Geschenk, wie eine Gnade empfangen.

Die Frage nach den Träumen auf dem geistlichen Weg ist zunächst eine Frage nach der Wirklichkeit überhaupt. Was ist wirklich? Um diese Frage haben die Philosophen sich seit jeher schon gestritten. Können wir die Wirklichkeit erkennen oder sehen wir nur einen Schein davon? Was ist wirklich, die geistige Welt der Ideen oder die Materie, das, was wir greifen können? Die Metaphysik sagt uns, daß Gott die eigentliche Wirklichkeit ist und daß wir nur wirklich sind, insofern wir an Gottes Sein teilhaben. Wenn wir diesen Satz der Metaphysik auf unser Leben beziehen, so entdecken wir, daß wir kaum danach leben. Theoretisch sehen wir das zwar ein, aber in unserem konkreten Wirklichkeitsverständnis ist das wirklich, was wir selbst tun. Wir stehen im Mittelpunkt unserer Wirklichkeit. Wir arbeiten, wir essen, wir denken, wir fühlen, wir planen, wir gestalten alles um uns herum. Gott hat da nur am Rande Platz, nur soweit wir ihm das zugestehen. Wir gestalten eben auch unser geistliches Leben, wir formen unser Gebet. Und da darf dann Gott in unser Leben einbrechen, aber auch da sind wir die Regisseure, die Gott die Rolle zuweisen, die er zu spielen hat. Im Grunde ist das eine sehr gottlose Wirklichkeit. Wir sind die Herren und Gott ist an den Rand gedrückt. Selbst wenn wir fromm sind, stehen wir mit unserem frommen Tun im Mittelpunkt und nicht Gott.

Gegenüber dieser gottlosen Wirklichkeit unseres Lebens weist uns der Traum auf eine andere geistige Wirklichkeit. Wenn wir die Metaphysik ernst nehmen, dann ist Gott die wahre Wirklichkeit und wir sind nur wirklich, indem wir an ihm teilhaben. Gott ist uns näher als wir uns selbst es sind, sagt Augustinus. Wir sind uns selbst entfremdet. Wir leben nicht nur in einer gottlosen, sondern auch in einer ichlosen, in einer selbst-losen Wirklichkeit. In den Träumen bricht die geistige Wirklichkeit in unser Leben ein. Und es ist nicht von vornherein gesagt, daß die Träume unwirklicher seien als das, was wir im Bewußten wahrnehmen. Im Traum kann Gott einbrechen, sich zu Wort melden. Im Traum kommen Bilder hoch, die scheinbar nichts mit unserer bewußten Wirklichkeit zu tun haben, die uns aber gerade das Wesen dieser Wirklichkeit enthüllen. Sie zeigen uns die Welt und unser Leben von einer ganz andern Seite her. Und die Alten meinten nicht zu Unrecht, daß im Traum Gott zu uns spreche. Denn da verstellen wir Gottes Worte nicht mehr mit unseren eigenen, da können wir Gott nicht mehr in eine Rolle drängen, sondern er ist der Handelnde und wir die Zuschauer.

Allerdings sind auch die Träume nicht eindeutig. Wir müssen die Träume immer wieder konfrontieren mit der Realität unseres Lebens und mit dem Wort Gottes in der Bibel. Die Realitätskontrolle ist entscheidend, ob wir uns in den Träumen von Gott ansprechen lassen oder ob wir sie für uns selbst benutzen. Es besteht die Gefahr, daß man die Träume als ein Machtmittel benutzt, daß man sich hinter seinen Träumen verschanzt und sich weder von den Menschen noch von Gott in Frage stellen läßt. Dann kreist man nur noch um sich selbst. Man schaut nur noch nach innen und erliegt der Faszination der inneren Welt. Aber weil man keinen Standpunkt hat, die innere Welt zu beurteilen, und weil man sie nicht von einem andern, etwa dem geistlichen Begleiter beurteilen läßt, versinkt man in ihr und baut sich eine

eigene künstliche Welt auf. Wenn einer meint, er bräuchte nur noch seine Träume zu meditieren, dann irrt er. Er tritt dem Traum nicht mehr als einem Du gegenüber, sondern er zieht sich in ihn zurück und versinkt darin.
Gott spricht zu uns in unseren Gedanken und Gefühlen, in unserm Leib und in unsern Träumen, aber er spricht vor allem auch in seinem Wort, das uns die Bibel überliefert, und in den Menschen, denen wir begegnen. Im Mönchtum rechnet man damit, daß Gott durch den Oberen oder durch den geistlichen Vater zu uns spricht. Daher ist der Gehorsam wichtig, wenn man sich auf seine Träume einlassen will. Sonst ist man in Gefahr, daß man keinen Abstand mehr zu seinen Träumen hat, sondern in ihnen vom Unbewußten überschwemmt wird. Doch wenn man all die geistlichen Wege geht, wie sie die Tradition entwickelt hat, also Fasten, Beten, Handarbeit, Gehorsam, Schriftlesung, Meditation usw., dann kann man sich auch getrost auf die Träume einlassen. Und die Beobachtung der Träume gehört genauso gut zu den geistlichen Werkzeugen, wie sie Benedikt in seiner Regel aufzählt. Weil dieser Zusammenhang der Träume mit dem geistlichen Weg heute verloren ist, will diese Kleinschrift helfen, die geistliche Bedeutung der Träume auf unserem Weg zu Gott wieder zu entdecken und in den Träumen einen inneren Begleiter zu sehen, der uns genau angibt, wie es um uns steht und welche Schritte für uns gut sind.

1. Der Traum in der Bibel

Sowohl das AT wie das NT berichten immer wieder von Träumen, in denen Gott zu den Menschen spricht. Wenn wir nur ganz kurz einige Träume streifen, dann nicht, um sie zu erklären, sondern um die Wirkung aufzuzeigen. Gen 28,10–22 berichtet vom Traum Jakobs. Jakob ist auf der Flucht vor seinem Bruder Esau. Da nimmt er sich einen Stein in der Wüste als Kopfkissen und träumt:

Er sah eine Treppe, die auf der Erde stand und bis zum Himmel reichte. Auf ihr stiegen Engel Gottes auf und nieder. Und siehe, der Herr stand oben und sprach: Ich bin der Herr, der Gott deines Vaters Abrahams und der Gott Isaaks. Das Land, auf dem du liegst, will ich dir und deinen Nachkommen geben."

Der Traum deutet die Situation Jakobs. Nach außen war sie hoffnungslos. Er ist auf der Flucht und hat Angst vor seinem Bruder. Aber der Traum zeigt ihm, daß Gott bei ihm ist und ihn segnet. So hat der Traum eine positive, eine therapeutische Wirkung auf Jakob. Er kann sich dem Leben ohne Angst stellen. Er kann nun voll Vertrauen seinen Weg gehen, weil er Gottes Nähe um sich weiß, die ihn befreit von der Macht der Menschen. Als er aufwacht, erkennt er: „Wirklich, der Herr ist an diesem Ort, und ich wußte es nicht." (Gen 28,16) Gott selbst spricht im Traum zu Jakob und verheißt ihm Nachkommen und großen Besitz. Vor allem aber verheißt er ihm, daß er mit ihm sein werde:

„Ich bin mit dir, ich behüte dich, wohin du auch gehst, und ich bringe dich zurück in dieses Land. Denn ich verlasse dich nicht, bis ich vollbringe, was ich dir versprochen habe." (Gen 28,15)

Der Traum zeigt Jakob eine andere Wirklichkeit als die, die er real erlebte. Die Flucht und die

Angst vor Esau sind seine bewußte Welt. Aber dahinter verbirgt sich das Eigentliche: Gott, der ihn begleitet und umgibt. Um das zu erkennen, braucht Jakob einen Traum. Durch Nachdenken allein oder auch durch Gebet hätte er das wohl nicht erkennen können. Da wäre er in seinen eigenen frommen Überlegungen stecken geblieben. Um etwas ganz Neues entdecken zu können, braucht er Gottes Begegnung im Traum.

Eine wichtige Rolle spielen die Träume in der Josephsgeschichte. Zuerst träumt Joseph selbst, dann deutet er die Träume des Pharao. Joseph träumt, daß die Garben sich vor ihm beugen und daß Sonne, Mond und Sterne sich vor ihm verneigen. Im Traum sieht er, der jüngste Sohn, der nichts gilt, wer er eigentlich ist. Der Traum zeigt ihm seine Berufung und seine Größe. Aber er macht ihn auch einsam. Denn seine Brüder ärgern sich über seinen Traum, über seine Besonderheit. Doch sie können die Erfüllung seines Traumes nicht verhindern. Gerade indem sie ihn umbringen wollen, werden sie zu Gehilfen seiner Verheißung. Und für Joseph selbst ist der Traum ein Begleiter in all seinen Nöten und Bedrängnissen. Er weiß, daß die Gefangenschaft nicht die wahre Wirklichkeit ist, sondern daß Gott durch all die Umwege hindurch doch nur erfüllt, was er ihm im Traum verheißen hat.

Im Gefängnis deutet Joseph die Träume seiner Mitgefangenen. Er sieht ihnen am Morgen an, daß sie mißmutig sind (Gen 40,6). Die Träume haben eine Wirkung auf die Menschen. Nach manchen Träumen wachen wir froh und zuversichtlich auf, nach andern fühlen wir uns gerädert, wir wachen in Panik auf und sind den ganzen Tag hindurch unruhig und traurig. Die Gefangenen waren mißmutig, weil sie ihre Träume nicht deuten konnten. Wenn wir nichts anfangen können, obwohl wir ahnen, daß sie etwas Wichtiges bedeuten, dann sind wir ratlos und bedrückt. Joseph sagt zu ihnen: „Ist nicht das Träumedeuten Sache Gottes?“ (Gen 40,8) Wenn Gott zu uns im Traum spricht, dann kann auch Gott allein uns deuten, was er durch die Traumbilder meint. Und wir brauchen das Gebet, um den Traum zu erkennen. Wir brauchen nicht psychologische Bücher nachzuschlagen, sondern wir sollen mit Gott darüber sprechen, was er uns eigentlich sagen will.

Dem Obermundschenk deutet Joseph seinen Traum positiv, dem Oberbäcker negativ. Er wird nach 3 Tagen aufgehängt werden. Träume sind also nicht nur positiv. Sie wollen uns die Wahrheit über uns sagen, auch wenn sie tödlich ist. Aber gerade so wollen sie uns in die Wahrheit führen und unser Leben verwandeln. Die falschen Propehten haben im AT alle Träume immer positiv gedeutet, während die echten Propheten die Wahrheit verkündet haben, weil nur die Wahrheit freimachen kann.[1] Die Deutung der Träume des Pharao ist zugleich positiv und negativ. Sie befähigt den Pharao, auf die wirtschaftliche Situation angemessen zu reagieren. Der Traum ist also eine Hilfe, mit der äußeren Realität richtig umzugehen. Er macht weise, lenkt meinen Blick über die Tagesereignisse hinaus und läßt mich in die Zukunft blicken. Aber die Zukunft ist nicht einfach festgelegt. Der Blick in die Zukunft hat nur den Sinn, daß ich mich darauf einstelle und auf geeignete Weise darauf reagiere. Die Träume haben in der Josephsgeschichte die Funktion, uns mit der Wahrheit unseres Lebens zu konfrontieren und uns heraus zu fordern, daß wir uns der Wahrheit stellen und richtig darauf antworten. Und sie wollen uns die Augen für die Zukunft öffnen, damit wir uns darauf einrichten.

Die Israeliten waren überzeugt, daß Gott im Traum zu uns spricht. Im Buch Numeri sagt es ihnen Gott selbst:

Wenn es bei euch einen Propheten gibt, so gebe ich mich ihm in Visionen zu erkennen und rede mit ihm im Traum. Anders bei meinem Knecht Mose . . . Mit ihm rede ich von Mund zu Mund, von Angesicht zu Angesicht, nicht in Rätseln. Er darf die Gestalt des Herrn sehen. (Num 12,6–8)

In den Träumen spricht also Gott mit uns, aber es ist eine dunkle Sprache, eine Sprache in Rätseln. Wir sind jedoch darauf angewiesen, auf die Träume zu hören, wenn wir Gottes Wort für uns vernehmen wollen, wenn wir wissen wollen, wie wir richtig leben können. In unserem bewußten Leben sind wir oft blind und taub gegenüber Gott. Wir übersehen, was er uns sagen will. Wir hören nur auf unsere eigenen Gedanken oder auf die der Menschen um uns herum. Aber wir überhören Gottes Stimme. Da muß Gott sich in unseren Träumen vernehmbar machen. So sind die Träume für die Israeliten etwas Heiliges, da Gott uns darin berührt und anspricht. Aber er spricht nicht nur, er erscheint auch in Visionen. Wenn die Bibel von Visionen spricht, dann meint sie nicht außergewöhnliche Ereignisse, Geschehnisse, die wir im Film festhalten könnten. Es sind immer Erscheinungen für Menschen gemeint, Erscheinungen, die sich in unserer Psyche bemerkbar machen und die wir mit unserem inneren Auge wahrnehmen können. Es sind keine Einbildungen, sondern Widerfahrnisse, genauso wie die Träume, die uns ja auch widerfahren, die wir uns nicht selbst einbilden. Gott gibt sich im AT und NT immer wieder in Visionen zu erkennen. Im Schlaf, im Traum, da will uns Gott begegnen, da kann auf einmal der Schleier von unsern Augen gezogen werden und wir erkennen klar. Wir sehen auf einmal, was das Geheimnis unseres Lebens ist, was das Geheimnis Gottes für uns ist.

Zu Samuel spricht Gott mitten in der Nacht. Er wacht dreimal auf, weil Gott ihn ruft. Dreimal versteht er die Stimme nicht. Das letzte Mal antwortet er: „Rede, Herr, dein Diener hört." (1 Sam 3,9). Diese Stelle wurde für einen amerikanischen Geistlichen zum Schlüsselerlebnis.[2] Er litt an Schlafstörungen und suchte deshalb einen Therapeuten auf, um davon befreit zu werden. Doch der fragte ihn, ob er schon einmal überlegt habe, daß Gott mit ihm reden möchte, wenn er nicht schlafen kann. Und er erinnerte an Samuel. Wir sollten wie Samuel sagen: Rede, Herr, dein Diener hört. Der Geistliche befolgte diesen Rat. Und seitdem sind ihm die Stunden, da er nicht schlafen kann, die wichtigsten. Die besten Gedanken für seine Bücher kommen ihm in der Nacht. Er hört dann darauf, was Gott ihm sagen möchte. Er hat ein Heft parat, um die wichtigsten Gedanken aufzuschreiben. Dabei fehlt ihm der Schlaf nicht. Er fühlt sich morgens nicht gerädert. Die Nacht ist ihm etwas Heiliges, weil sie der Ort seiner intensivsten Gotteserfahrungen ist. Auch zu uns möchte Gott in der Nacht sprechen. Dann, wenn wir das Heft aus der Hand gegeben haben, kann er viel leichter zu uns vordringen. Doch es bedarf unserer Ehrfurcht und inneren Wachsamkeit, um Gottes Wort in der Nacht zu vernehmen.

Saul erfährt kurz vor seinem Tod, daß Gott nicht mehr zu ihm spricht. Er ist ganz verzweifelt, weil er nicht mehr weiß, was er tun soll, welche Schritte richtig sind. So geht er in seiner Verzweiflung zu einer Totenbeschwörerin und läßt durch sie Samuel rufen, damit er ihm den Weg weise. Als Samuel ihn zurechtweist, antwortet Saul:

Ich bin in großer Bedrängnis, die Philister führen Krieg gegen mich, und Gott ist von mir gewichen und hat mir keine Antwort mehr gegeben, weder durch die Propheten noch durch die Träume. Darum habe ich dich gerufen, damit du mir sagst, was ich tun soll. (1 Sam 28,15)

Weil die Träume von Saul gewichen sind, hat er keine Orientierung mehr. In den Träumen hat Gott ihm immer den Weg gewiesen. Nicht durch reines Nachdenken hat er erkannt, was richtig war, sondern im Hören auf Gott. Und Gott sprach durch andere Menschen zu ihm, die Propheten, oder durch die Träume. Aber die Träume kann man nicht erzwingen, sie sind ein Geschenk von Gott. Wenn Gott auch in den Träumen verstummt, dann werden wir orientierungslos. Unsere tiefsten Überzeugungen, die uns tragen, entstammen nicht rationaler Überlegung, sie haben tiefere Wurzeln. Und eine der Wurzeln ist auch der Traum, der uns eine innere Gewißheit gibt, was für uns stimmt. Das Hören auf die Träume ist nach dieer Bibelstelle also nicht etwas Abergläubisches, sondern eine Weise der Gottesfurcht. Weil wir mit Gott in unseren Träumen rechnen, achten wir auf sie. Und wir sind froh, wenn er uns in den Träumen immer wieder sagt, welche Schritte nun für uns fällig sind. Die Traumbilder geben uns die Richtung an, in die wir dann selber gehen sollen.

Im NT spielt der Traum vor allem bei Matthäus eine große Rolle. Die Geburt Jesu wird von Träumen begleitet. Joseph erfährt im Traum, daß seine Verlobte vom HL. Geist schwanger ist. Der Traum enthüllt ihm, was geschehen ist und was er zu tun hat. Und Joseph gehorcht. Er nimmt Maria zu sich. Der Traum ist für ihn nicht ein unverbindliches Wissen, sondern er verpflichtet ihn zum Handeln. In seiner Untersuchung über die Träume um die Geburt Jesu kommt der Psychologe und Theologe H. Hark zu dem Ergebnis:

„In Joseph zeichnet Matthäus eine Gestalt, die Gott im Traum versteht. Der Traum ist für Matthäus das Medium des Gottesspruches. Gott erteilt mittels eines Engels im Traum die göttliche Weisung. Der Fachbegriff im griechischen Urtext (chrämatidzo) bezeichnet den Empfang einer göttlichen Weisung mittels eines Orakelspruches." Matthäus glaubt, „daß alle Menschen eine Antenne haben für Gottes Stimme im Traum. Die traumkundigen Weisen und der bibeltreue Joseph verstehen, daß ein bestimmter Traum sie unbedingt angeht."[3]

Als das göttliche Kind geboren war, machten sich Sterndeuter aus dem Osten auf den Weg, um das Kind anzubeten. Auch sie hören auf Träume. Aber sie verbinden ihre Träume mit der Wissenschaft von den Sternen und mit ihrem geschichtlichen Wissen. So erreichen sie ihr Ziel. Der Stern weist ihnen den Weg, sie forschen in Jerusalem nach dem Kind. Und als sie es gefunden haben, fallen sie nieder und beten es an. Im Traum erfahren sie von Gott, daß sie auf einem andern Weg heimziehen sollen. Und sie gehorchen, genau wie Joseph, dem nun wieder ein Engel im Traum erscheint, um ihn zur Flucht nach Ägypten aufzufordern. Und auf einen Traum hin kehrt Joseph wieder nach Israel zurück. So ist die Geburt Jesu von lauter Träumen umgeben. Im Traum erkennt Joseph das Geheimnis Marias und das Geheimnis des göttlichen Kindes. Und der Traum weist ihm den Weg, den er gehorsam zu gehen hat. Die Träume sind also verpflichtend. Sie wollen sich in die Realität des Lebens hinein auswirken.

Joseph gehorcht seinen Träumen, doch Pilatus hört nicht auf den Traum seiner Frau, die ihm bezeugt, daß Jesus unschuldig ist und ihn auffordert, seine Hände von diesem Mann zu lassen. Die Gerichtsverhandlung kann nicht erweisen, ob Jesus schuldig ist oder nicht. Doch der Traum zeigt es deutlich. So erkennen wir im Traum oft das Wesen eines Menschen. Unsere bewußte Sicht hängt sich fest an äußeren Dingen. Und sie ist oft genug getrübt von unseren Projektionen. Im Traum sagt uns Gott, wer der andere wirklich ist und wie wir uns ihm gegenüber verhalten sollen.

Bei Lukas spielen die Träume vor allem in der Apostelgeschichte eine große Rolle. Petrus erfährt im Traum, daß er die Heiden zur christlichen Gemeinde zulassen sollte und daß die jüdischen Gesetze keine absolute Geltung für sie haben. Sein Traum „kennzeichnet einen Wendepunkt in der frühen Missionsgeschichte der Urgemeinde." [4] Von sich aus ist Petrus streng dem jüdischen Denken verpflichtet. Und er weigert sich, mit den Heiden Gemeinschaft zu pflegen. Da spricht Gott ihn im Traum an. Er zeigt ihm eine Schale voll von vierfüßigen Tieren, die den Juden als unrein gelten. Und er sagt zu ihm: „Steh auf, Petrus, schlachte und iß!" Und auf den Widerstand des Petrus antwortet die Traumstimme: „Was Gott für rein erklärt, nenne du nicht unrein." (Apg 10,13–15). Der Traum überwindet seinen Widerstand. Petrus steht auf und geht mit den Boten des heidnischen Hauptmanns Cornelius nach Caesarea und tauft ihn dort. Als Begründung für sein Tun gibt er den Traum an. Diese Begebenheit zeigt, welch eminente Bedeutung man dem Traum in der Urkirche zumaß. Der Traum entscheidet über den Gang der Mission. Der Traum durchbricht menschliche Widerstände und gibt dem göttlichen Wirken Raum in Menschen, die von sich aus sehr eng sind. Er weitet ihren Horizont und treibt sie zu ungewohntem Tun an.

Das zeigt sich auch in der nächtlichen Vision des hl. Paulus. Im Traum erscheint ihm ein Makedonier und bittet ihn: „Komm herüber nach Makedonien und hilf uns!" (Apg 16,9) Und Paulus folgt der Einladung, weil er überzeugt ist, daß Gott ihn berufen hat, dort das Evangelium zu verkünden. So nahm auf einen Traum hin die Mission in Europa ihren Anfang. Solch weitreichende Entscheidung in der Missionsgeschichte wurde nicht aufgrund von bewußten strategischen Überlegungen gefällt, sondern aufgrund eines Traumes. Ein Traum ist es auch, der Paulus sicher nach Rom führt. Als die Matrosen im Seesturm schon alle Hoffnung aufgegeben hatten, da erscheint dem Paulus ein Engel im Traum und zeigt ihm die Rettung an. Paulus verkündet seinen zuversichtlichen Traum der ganzen Mannschaft und auch die hört darauf. So ernst nahmen die Menschen damals die Träume. Heute würde jemand nur verlacht, wenn er seine Gewißheit der Rettung auf einen Traum gründet.

So hat der Traum in der Bibel eine zweifache Bedeutung. Einmal enthüllt er mir die Wahrheit über mich und über andere Menschen, über meinen persönlichen Zustand und über das Geheimnis meines Lebens, aber auch über die politische und religiöse Situation des Volkes oder eines einzelnen Menschen. Der Traum korrigiert und ergänzt meine bewußte Sicht, aber er eröffnet auch ganz neue Horizonte. Er läßt die Wirklichkeit in ihrem wahren Licht erscheinen. Gott zeigt mir dann im Traum die Wahrheit, er zieht den Schleier weg, der über der Wirklichkeit liegt. Aber der Traum ist auch Ort direkter Gottesbegegnung. Gott sendet nicht nur Botschaften über die Wirklichkeit, sondern er tritt uns entgegen, er kämpft mit uns wie im nächtlichen Ringen mit Jakob (Gen 32,23–33) und er gibt sich selbst zu erkennen, er erscheint in Visionen und läßt sich in den Bildern des Traumes schauen.

Die zweite Bedeutung der biblischen Träume ist die konkrete Weisung. Gott gibt uns im Traum an, was wir tun und welchen Weg wir einschlagen sollen. Er zeigt uns, wie wir uns entscheiden sollen, und hilft uns so, eine Orientierung in unserem Leben zu finden. In der klaren Weisung liegt etwas Befreiendes, Eindeutiges. Wenn Gott im Traum einen Befehl erteilt, dann bleibt uns nichts übrig als zu gehorchen, selbst wenn wir den Sinn der Weisung nicht einsehen. Der Traum ist keine Gedankenspielerei, sondern er geht uns unbedingt an. Er hat Auswirkungen auf unser Tun, er verwirklicht sich in konkreten Taten in dieser Welt, ja er bestimmt wichtige historische Entscheidungen und Entwicklungen. Er setzt ein Geschehen in Gang, das weitreichende Folgen für alle Menschen hat. Gott selbst greift im Traum in die Geschichte ein und lenkt sie nach seinem Ratschluß und Willen.

2. Der Traum in der geistlichen Tradition

In der frühen Kirche schrieb man dem Traum in Anlehnung an die griechische und biblische Tradition eine positive Funktion zu. So sagt Tertullian in seinem Buch über die Seele: „Ist es nicht allen Menschen bekannt, daß Gott sich dem Menschen am besten durch den Traum offenbaren kann?"[5] Eine bedeutende Rolle spielen die Träume dann in den Märtyrerakten. Polykarp träumt drei Tage vor seinem Tod, daß sein Kopfkissen in Flammen stehe. Und er sieht das als Hinweis auf seinen Tod in den Feuerflammen. Im Bericht über das Martyrium von Perpetua und Felicitas wird eine Reihe von Träumen erzählt. Die Träume zeigen den beiden, was sie durchstehen müssen und was sie bei Gott erwartet. Sie geben ihnen also die Kraft, ihr Martyrium zu bestehen. Gott selbst stärkt und tröstet sie im Traum.

Die griechischen Kirchenväter sind von der Hochachtung der Träume beeinflußt, die sie in ihrer Umwelt vorfanden. Gregor von Nazianz sagt einmal, „daß er die meisten Inspirationen im Traum erhalten habe".[6] Am ausführlichsten schreibt der Bischof Synesios von Kyrene über die Träume. Im Jahr 415 veröffentlicht er in der Tradition der griechischen Traumbücher des Artemon von Milet oder des Artemidoros von Daldis ein eigenes Traumbuch. Synesius empfiehlt die Führung von Traumtagebüchern. Die Traumdeutung „gibt die Möglichkeit, sich vor Unheil, Krankheit usw. rechtzeitig zu schützen, kommendes Glück in Vorfreude doppelt zu genießen; sie hilft auf der Jagd, ebenso wie bei der Schriftstellerei und der Lösung von schweren diplomatischen Aufgaben."[7]

Synesius schreibt:
Ich bin nicht überrascht, daß einige ihren Träumen die Entdeckung eines Schatzes verdanken; daß manche andere völlig unwissend zu Bette gegangen sind und als begabte Dichter erwachten, nachdem sie sich in einem Traume mit den Musen unterhalten hatten. Ich brauche auch gar nicht erst von jenen zu sprechen, die in ihrem Schlaf von einer Gefahr Kenntnis erhielten, die ihnen drohte, oder denen in ihren Träumen von einem Heilmittel Kunde gegeben wurde, das sie kurieren konnte. Das Wunderbarste und zugleich Geheimnisvollste ist jedoch, daß der Schlaf der Seele den Weg zu den vollkommensten Einsichten in das wahre Wesen der Dinge erschließt und daß er ihr die Fähigkeit eröffnet, über die Natur hinauszugehen und sich selbst mit der intelligiblen Sphäre zu vereinigen, von welcher sie so weit her gewandert ist, daß sie gar nicht mehr weiß, woher sie kam . . . Daraus erhellt, daß es immer ein Mensch ist, der uns belehrt, wenn wir wachen; daß es aber stets Gott ist, der uns erleuchtet, wenn wir schlafen.[8]

Der Traum hat für Synesius nicht nur therapeutische Bedeutung, sondern er ist auch der Ort der Gotteserfahrung. Wir werden im Traum eins mit der Wirklichkeit Gottes und dadurch mit der wahren Natur der Dinge. Wir gelangen an ihren Ursprung, in die Welt der Ideen, in der wir einst waren und in die wir im Traum wieder eintauchen. Gott erleuchtet uns im Traum. Er zeigt uns das Wesen aller Dinge und das Geheimnis seines eigenen Seins.

Synesius weiß um die Tradition der griechischen Wallfahrtsorte, um den sog. Tempelschlaf. Die Menschen pilgerten dorthin, bereiteten sich durch Gebet und Fasten darauf vor, im Tempel, im hl. Bezirk zu schlafen und von Gott heilige und heilende Träume zu bekommen. Am Morgen erzählten sie dann ihren Traum den Priestern, die sie ihnen deuteten. Sie erwarteten ihre

Heilung also von Gott mittels der Träume, die er ihnen schickte und durch die Priester deutete. Traumdeutung war damals ein religiöses Tun, aber sie nahm Methoden heutiger Psychotherapie schon vorweg.

Im alten Mönchtum hat der Psychologe unter den geistlichen Schriftstellern, Evagrius Ponticus († 399), auch die Träume in den asketischen Weg mit einbezogen. Für Evagrius ist das höchste Ziel des Menschen die Apatheia, die innere Harmonie des Menschen, Friede des Gemütes, Freiheit von leidenschaftlichen Regungen, Reinheit des Herzens, Durchdrungensein von der Liebe Gottes. Evagrius beschreibt in seinen Büchern die Wege, auf denen wir die Apatheia erlangen können, und die Merkmale, die darauf hinweisen, daß wir den Zustand des inneren Friedens und des Einsseins mit Gott erlangt haben. Und ein Merkmal für das Vorhandensein der Apathea beim Menschen ist „das Fehlen von Leidenschaften und ungeordneten Gemütsbewegungen während seiner Träume“[9]. Evagrius geht davon aus, daß die Leidenschaften und Emotionen, die uns während des Tages im Wachzustand bestimmten, auch Einfluß haben auf unsere Träume. So zeigt sich der Groll nicht nur in unserem Ärger und in unserer aggressiven Stimmung, sondern auch in unsern Träumen. Der Groll verursacht schlimme Erfahrungen während der Nacht, die den Körper schwächen.

Jener Mensch wirkt dann blaß und immer stärker plagen ihn im Traum Bilder, wie er von wilden, giftigen Tieren angegriffen wird.(38)

Evagrius schreibt negative Träume dem Dämon des Zorns zu. So sollen wir uns davor hüten, den Zorn mit in den Schlaf zu nehmen. Und wir können auf der andern Seite an unsern Träumen erkennen, wie weit wir unbewußt von Groll und Ärger bestimmt sind:

Laß die Sonne nicht über deinem Zorn untergehen, sonst kommen während deiner Nachtruhe die Dämonen und ängstigen dich und machen dich so noch feiger für den Kampf des folgenden Tages. Denn die Wahnbilder der Nacht entstehen gewöhnlich durch den erregenden Einfluß des Zorns. Und nichts macht den Menschen so sehr bereit, sein Ringen aufzugeben, als wenn er seine Regungen nicht kontrollieren kann. (43)

Die Traumbilder werden nicht nur vom Zorn hervorgerufen, sondern sie wirken auch auf den Menschen. Sie verschlechtern die Voraussetzungen, mit denen wir den nächsten Tag beginnen. Wir fühlen uns gerädert, oder wie Evagrius sagt, feige und schwach. Evagrius kennt positive und negative Träume. Die Träume spiegeln unsern Zustand wider. An ihnen können wir ablesen, wie weit wir auf unserem Weg zur Herzensreinheit sind. Viele Träume, mit denen wir zu tun haben, werden nach Evagrius von Dämonen eingegeben. Sie wollen uns damit schwächen und krank machen. Mit manchen Traumbildern wollen uns die Dämonen von Gott wegziehen. Evagrius mahnt uns, daß wir dann unsere Zuflucht zu Christus nehmen sollen. Negative Träume sind für ihn ein Ansporn, sich an Christus zu wenden, damit er unsere kranke Seele heile und uns seinen Frieden schenke. Aber damit dieser Friede in uns Raum haben kann, müssen wir uns mit den Leidenschaften der Seele beschäftigen und gegen sie kämpfen. Und ein Teil dieser Selbstbeobachtung und dieses asketischen Ringens spielt sich in der Nacht und im Traum ab. Zwei Texte aus dem Praktikos sollen das verdeutlichen:

Den Dämonen liegt viel daran, unsere Neigung zur Begehrlichkeit noch zu verstärken. Dazu erzeugen sie,

wenn wir schlafen, Hirngespinste, die uns Unterhaltungen mit unseren Freunden vorgaukeln, Tischgelage mit unseren Verwandten, ganze Scharen von Frauen und eine Menge anderer Dinge, die Entzücken in uns hervorrufen sollen. Das alles hat nur den einen Zweck, uns krank zu machen und unsere Leidenschaften zu verstärken. Es kann auch sein, daß die Dämonen den leicht erregbaren Teil unserer Seele reizen. Daher lassen sie uns im Traum Wege einschlagen, die an abschüssigen Stellen vorbeiführen, bewaffneten Männern, giftigen Schlangen oder gefährlichen Tieren begegnen. Solche Begegnungen sollen uns mit Entsetzen erfüllen, wir sollen fliehen und uns verfolgt fühlen. Wir sollten uns deswegen vorsehen und diese unsere Veranlagung wachsam im Auge behalten, indem wir während unserer Nachtwachen Christus um Hilfe bitten.
Hast du im Traum Gesichter verschwommener Natur, kannst du das auf frühere affektive Erfahrungen zurückführen. Lassen sie sich jedoch klar erkennen, dann deutet das auf Wunden hin, die noch immer bluten. (55f)

Diese Stellen zeigen, wie intensiv sich Evagrius mit den Träumen befaßt, wie er sie analysiert und wie er daraus Schlüsse über den seelischen Zustand zieht. Im ersten Text spricht Evagrius von der Schattenbegegnung. Bewaffnete Männer, giftige Schlangen und gefährliche Tiere sind Bilder für den Schatten. Wir reagieren auf die Verfolgung durch den Schatten mit Flucht. Das ist ein Zeichen, daß wir ihn nicht angenommen haben. Evagrius zeigt uns einen anderen Weg. Wir sollen nicht fliehen, sondern unsere Veranlagung wachsam im Auge behalten. Wir sollen unsern Schatten anschauen und Christus um Hilfe bitten. Mit der Hilfe Christi können wir die Flucht dann aufgeben und uns dem Schatten zuwenden und ihn so annehmen.
Im zweiten Text macht Evagrius eine wichtige Beobachtung: Verschwommene Gesichter im

Traum weisen auf Erfahrungen in der Vergangenheit hin, klare Gesichter jedoch auf gegenwärtige Wunden. Die unklaren Bilder wollen uns sagen, daß wir Erfahrungen der Vergangenheit integrieren sollen oder schon daran sind, sie zu integrieren. Die klaren Bilder stellen uns vor die Aufgabe, unseren gegenwärtigen Zustand genau zu betrachten und uns auszusöhnen mit unsern Wunden, unsere Wunden Christus hinzuhalten und sie von ihm heilen zu lassen. Für den Psychiater J. Eudes Bamberger, der Evagrius übersetzt hat, ist dieser Text ein Beispiel für die „genaue Beobachtung der Traumdynamik" (75) durch Evagrius, mit der er Ergebnisse heutiger Psychologie vorwegnimmt.

An einer anderen Stelle sagt Evagrius:

Ob wir Apatheia erlangt haben oder nicht, sagen uns unsere Gedanken am Tage und unsere Träume während der Nacht. Apatheia ist der Gesundheitszustand der Seele. (56)

Welche Art von Träumen uns den Zustand der Apatheia anzeigt, beschreibt er in einem späteren Kapitel:

Wenn der Geist des Menschen sein eigenes Licht zu sehen beginnt, wenn er sich auch durch Traumgesichter nicht beunruhigen läßt, und wenn er selbst angesichts der Ereignisse des Lebens gelassen bleibt, dann hat ein solcher Mensch mit Sicherheit Apatheia erlangt. (60)

Das Sehen des eigenen Lichtes meint, daß der Mensch zu seinem wahren Selbst gefunden hat, daß er ganz eins mit sich geworden ist und mit seiner innersten Mitte, in der Gott selbst wohnt. Apatheia ist also auch ein Zeichen gelungener Selbstwerdung, wie sie C.G. Jung versteht. Und sie ist verbunden mit Traumbildern, die den Menschen nicht mehr beunruhigen, sondern in ihm Frieden und Harmonie hervorrufen. Die Träume zeigen dann, daß der Mensch nicht mehr ständig gegen seine Leidenschaften kämpfen muß, sondern daß er sie überwunden hat, daß er erfüllt ist von Frieden und von der Liebe Gottes. Die Träume zeigen uns an, wie weit wir auf unserem Reifungsweg schon sind und wie nahe wir Gott gekommen sind.

Der Weg der Selbstwerdung und der Weg zur Erlangung der Apatheia geht für Evagrius nicht nur über unser frommes Tun,

„das sich von außen her nach innen richtet". Es genügt nicht, daß der Mensch durch asketische Anstrengung sich diszipliniert und daß er ohne Unterlaß betet, „er muß noch in den Tiefen seines Geistes umgewandelt werden, wo sich in den letzten Winkeln seines Seins für die Außenwelt unerreichbare unbewußte Bilder verbergen. Er muß sie zu erreichen versuchen auf seit langem in Vergessenheit geratenen Bahnen, die aber immer noch die Haltungen und Wege des Menschen beeinflussen können. Erst wenn diese Bilder gesund und ganz geworden sind im ursprünglichen Licht der Kontemplation, das des ganzen Menschen Geist zu durchdringen vermag, ist das Werk der Erlösung und Vervollkommnung getan." (22)

Der kontemplative Weg, den Evagrius uns empfiehlt, weil wir nur so zu dem Ziel kommen, das Christus uns verheißen hat, schließt Selbstbeobachtung, Schweigen, Beten, Fasten, Kampf gegen die Laster, aber auch Beobachtung der Träume ein. Erst wenn Gottes Geist alles in uns durchdrungen hat, sind wir fähig zur Kontemplation, zum Gebet ohne Zerstreuungen. Beten ohne Zerstreuung ist für Evagrius das Ziel unseres Lebens. Es führt uns zu einer tiefen Weisheit und Liebe und „zu den Höhen der Wirklichkeit". (99) Doch dieses Ziel erreichen wir nicht, wenn wir nur unsere Zerstreuungen anschauen und sie bekämpfen. Die Bilder in unserem Inneren müssen verwandelt werden. Aber das verlangt eben einen ehrlichen Umgang mit den Träumen, ein Miteinander von Gedankenbeobachtung und Achten auf die Träume. Nur so ist in uns jene Apatheia erreichbar, von der Evagrius meint, daß wir darin ganz auf Gott ausgerichtet sind und von Gottes Liebe und Frieden durchdrungen werden. Wir können in Gott nur still werden, wenn er zuvor unser Bewußtsein und unser Unterbewußtsein gereinigt und geheilt hat. So ist die Beachtung der Träume ein wichtiges Element auf dem kontemplativen Weg, der uns immer mehr zu Gott und in Gott hinein führen möchte.

In der christlichen Tradition tauchen Träume immer wieder bei den Heiligen auf. So verdankt Hieronymus einem Traum seine Wandlung vom weltlichen zum christlichen Gelehrten[10]. Pachomius erfährt seine Berufung zum Mönch im Traum. Und im Traum wird ihm auch klar, wie er das Ideal der Einsiedler mit der christlichen Nächstenliebe verbinden soll. So wird er durch einen Traum der Vater des zoenobitischen Mönchtums. Benedikt erscheint seinen Schülern im Traum und teilt ihnen den Bauplan ihres Klosters mit. Er ist also ihr innerer Meister geworden, der sie durch Träume auf ihrem Weg begleitet und lenkt. Franziskus erkennt im Traum seine Berufung. Im Traum sieht er, wie er die Kirche Gottes wiederherstellen soll. Zunächst deutet er es auf das verfallene Kirchlein Portiuncula. Doch dann wird ihm klar, daß das eine größere Aufgabe meint. Als sich ihm immer mehr Brüder anschließen und er vom Papst die Bestätigung eines Ordens erbittet, da träumt Papst Innozenz, daß Franziskus die Kirche des Laterans stützt. Und aufgrund dieses Traumes approbiert er die Ordensgründung. Auch die Gründung des Dominikanerordens ist von Träumen begleitet. Dominikus träumt von einem Baum, auf dem schwarze und weiße Vögel sitzen. Der Baum wird abgehauen. Das veranlaßt ihn, seinen Orden auf ein neues Fundament zu stellen.

Viele Heiligenbiographien berichten von Träumen und Visionen. Wir meinen, Visionen seien etwas Besonderes, das nur Heiligen zustoße. Doch Kelsey berichtet von einer psychologischen Untersuchung, die ergeben hat, daß 10% aller Menschen Visionen haben[11]. Doch die meisten trauen sich nicht, darüber zu sprechen, aus Angst, sie würden für verrückt erklärt. Wir sollen vor den Visionen keine Angst haben. Gott möchte uns darin erscheinen und uns etwas sagen. Aber wir sollen die Visionen auch nicht überbewerten. Die Mystiker aller Zeiten haben zwar immer wieder Visionen gehabt, aber sie haben sie nicht für das wichtigste Zeichen ihrer Frömmigkeit angesehen. Im Gegenteil, sie warnen davor, zuviel auf die Visionen zu geben. Denn in ihnen ist immer auch unsere Phantasie beteiligt. Die Visionen laufen in unserer Psyche ab und sind daher noch keine Garantie, daß wir Gottes Willen oder Wesen klar erkennen. Wir sollen die Visionen ähnlich wie die Träume angehen, uns in sie hineinfühlen und danach fragen, was Gott uns damit sagen will. Aber wir sollen keinen Kult damit treiben oder meinen, wir seien außergewöhnliche Menschen.

Die Mystiker glauben, daß Gott uns im Traum eher erscheinen kann, weil wir da mehr bei uns daheim sind. Wir sind nicht zerstreut und gefangen von der Außenwelt und so ist unser Auge offen für die Welt des Geistes und für Gott. So sagt ein Mystiker des 14. Jhds.:

Ein Lehrer spricht, daß die Gegenwart von Engeln etlichen Menschen öfter im Schlafe als im Wachen erscheine, darum weil der Mensch im Schlaf mehr Ruhe hat vor der Mannigfaltigkeit der äußeren Dinge als im Wachen.[12]

Ein Blick in die Geschichte der Spiritualität könnte zeigen, daß – zwar sehr unterschiedlich und mit wechselndem Interesse – auch die Träume in den geistlichen Weg mit einbezogen wurden. Im Ringen um den Willen Gottes haben die geistlichen Meister immer auch damit gerechnet, daß Gott im Traum uns seinen Willen kundtut. Der Traum war daher in der geistlichen Begleitung ein wichtiges Mittel, nach dem konkreten Willen Gottes zu fragen. Aber zugleich war der Traum der Ort intensiver Gotteserfahrung. Bei vielen Mystikern wurde ihre Liebe zu Gott durch Träume und Visionen entfacht. Die Träume führten zu einem inständigeren Beten, zu einer tieferen Liebe und zu einem beständigen Leben in der Gegenwart Gottes. Sie wurden als Bereicherung für das geistliche Leben empfunden. In den Träumen ist der willensmäßige Aspekt ziemlich ausgeschaltet, der sonst auf unserem spirituellen Weg eine so große Rolle spielt. Nicht wir müssen uns in Gebet und Meditation für Gott öffnen, sondern Gott selbst handelt an uns. Er begegnet uns und spricht zu uns in den Träumen. So gibt die Beachtung der Träume der Gnade Gottes den Vorrang und befreit uns von verkrampften geistlichen Anstrengungen. Im Traum fühlen wir uns getragen von Gottes Nähe. Gott wirkt im Traum heilend auf uns. Er läßt uns mit einer positiven Grundstimmung und mit einem inneren Gespür für seine Nähe aufwachen. Er ändert die Voraussetzungen unseres geistlichen Lebens, er spricht im Traum zu unserem Herzen und schenkt uns die innere Gewißheit seiner liebenden Gegenwart.

Noch eine dritte Bedeutung hatte der Traum in der Geschichte der Spiritualität. Er war der Ort ehrlicher Selbstbegegnung und Selbsterkenntnis. Im Traum sagt uns Gott die Wahrheit über uns selbst. Und diese Wahrheit ist nicht nur schmeichelhaft. Gerade im alten Mönchtum wurde mehr dieser Aspekt des Traumes betont. Wenn in den Träumen die Dämonen wirken und uns angsterregende Bilder vor Augen halten, dann deckt uns das auf, wo wir auf unserem geistlichen Weg stehen, dann erkennen wir, wie weit Laster und Fehlhaltungen in uns sind. Vielleicht denken wir, wir hätten sie schon längst überwunden. Und in unserem bewußten Leben ist auch nicht mehr viel von Zorn und Haß zu spüren. Die Träume zeigen uns aber, daß wir noch verstrickt sind in Haßgefühle, Groll und Bitterkeit. Der Traum führt zu einer schonungslosen Selbsterkenntnis und zeigt uns, wo wir noch an uns arbeiten müssen. Aber er gibt uns auch die Fortschritte auf unserem geistlichen Weg an. Er ist ein Gradmesser für die Herzensreinheit, für unsere innere Freiheit und für unser Einssein mit Gott.

3. Psychologische und geistliche Traumdeutung

Wenn wir die Aussagen der Bibel und die Erfahrungen der Tradition auf uns heute beziehen wollen, so ist es gut, wenn wir sie erst einmal mit den Erkenntnissen der modernen Psychologie konfrontieren. Allerdings geht es nicht darum, rein psychologisch an die Träume heranzugehen. Die Ergebnisse der Psychologie sollten wir eher im Hinterkopf haben. Es ist hilfreich, psychologische Traumbücher zu lesen, um ein Gespür für die Welt der Symbole und Bilder zu bekommen. Wir müssen erst die Sprache lernen, in der Gott zu uns sprechen will. Aber die entscheidende Aufgabe ist, sich immer wieder zu fragen, was Gott mir in der Traumsprache dann sagen möchte. Ich soll mit Gott über meine Träume sprechen, vor ihm mich in die Bilder hineinmeditieren und so erahnen, was Gott von mir will. Traumdeutung ist Sache Gottes, so sagt Joseph zum Pharao. Wenn ich meine Träume durchbete, dann kann ich erkennen, wie Gott mich und meine Situation einschätzt, was ich beachten sollte und welche Schritte ich zu gehen habe.

Die Jungsche Psychologie unterscheidet eine Traumdeutung auf der Objektstufe und auf der Subjektstufe. Auf der Objektstufe sagen die Träume etwas über die Menschen aus, mit denen ich zu tun habe, über die Beschaffenheit der äußeren Dinge, von denen ich träume. So kann mich ein Traum darauf hinweisen, daß meine Leiter defekt ist oder daß ich vergessen habe, das Haus abzuschließen. Oft nimmt der Traum die Erfahrungen des Tages auf und nimmt die Tagesreste als Material, um mich auf Wichtiges aufmerksam zu machen. Der Traum hat auf der Objektstufe eine kompensatorische Funktion, d.h. er ergänzt meine bewußte Sicht der Dinge. Wenn ich tagsüber ein Gespräch mit einem Freund hatte, so hat mein Bewußtsein vieles nicht wahrgenommen, ich war beschäftigt mit Nachdenken und habe übersehen, wie es ihm eigentlich geht. Im Traum sagt mir das Unbewußte, was es am Freund wahrgenommen hat, etwa, daß es ihm schlecht geht, daß es dunkel in ihm ist usw. Ich kann natürlich genauso gut sagen: Gott will mir im Traum die Wahrheit des Freundes aufdecken. Zumindest weist mich Gott durch die Beobachtungen meines Unbewußten auf wichtige Seiten meines Freundes hin, die ich sonst übersehen würde. Da unsere bewußte Sicht oft von unserem Wunschdenken beeinflußt ist, ist es wichtig, auf die Sicht des Unbewußten zu hören. Sie ergänzt unsere Sicht. Gott befreit mich in der Traumsicht von meiner Blindheit, um mich auf die Wahrheit zu stoßen.

Als Grundregel der Traumdeutung gilt, daß ich den Traum erst einmal auf der Objektstufe interpretieren soll. Ich soll erst einmal fragen, was mir der Traum über Menschen, über Situationen, über Geschäfte, über meinen Beruf, über mein Engagement in einem Verein usw. aussagt. So träumte ein Mann von seinem Geschäftsfreund, daß er ihn zum Abendessen eingeladen und ihm Gemüse vorgesetzt habe, das von Würmern wimmelte. Er ahnte, daß der Traum ihn warnen wollte, mit ihm ein Geschäft abzuschließen. Er trat vom Abschluß zurück. Die Entwicklung zeigte ihm, daß er recht gehandelt hatte, da sich der Partner als Betrüger erwies.[13] Hier offenbarte ihm der Traum Seiten seines Geschäftspartners, die das Bewußtsein nicht wahrgenommen hatte, weil es zu sehr von den eignen Vorstellungen blockiert war. Gott hat ihn durch den Traum vor einer Fehlentscheidung bewahrt, bei der er viel Geld verloren hätte.

Die zweite Methode der Traumdeutung ist die Deutung auf der Subjektstufe, d.h. alle Personen und alle Dinge, die ich im Traum sehe, sind Teile meiner eigenen Person und sagen etwas über meinen Zustand aus. Der Traum beschreibt mir in Bildern, wie es um mich steht. Oft genug sind Bilder hilfreicher, um die eigene Situation auszudrücken als rationale Beschreibungen. Die Traumbilder sind jedoch offen für mehrere Deutungen. Sie sind zwar nicht beliebig deutbar, aber sie müssen doch im Zusammenhang mit der eigenen Lebensgeschichte und mit der momentanen inneren Situation gesehen werden. Es hat also keinen Zweck, ein Lexikon der Traumsymbole zu lesen und zu meinen, Auto bedeute immer das Ich, Pferd immer meine Vitalität. Ich soll selbst assoziieren, was mir dazu einfällt. Die Kenntnis der Symbole kann zwar hilfreich sein, aber wir müssen zugleich die innere Freiheit behalten, die Symbole auf uns konkret zu beziehen. Im Folgenden sollen einige Traumsymbole und typische Träume dargestellt werden, um Anregungen für die eigene Deutung zu geben. C.G. Jung sagt immer wieder, daß es keine absolut richtige Traumdeutung gebe, man müsse vielmehr genau in die Situation des einzelnen hineinschauen und die Träume damit ins Gespräch bringen.

Wenn ich von einem Auto träume, das ich zwar mit dem Steuer lenken möchte, das aber hinfährt, wo es will, das sich einfach nicht lenken läßt, dann kann das ein Bild dafür sein, daß ich die Kontrolle über mich verloren habe, daß ich von andern unbewußten Kräften gesteuert werde. Oder ich fahre mit dem Auto einen Berg hinauf.

Ich gebe Gas, aber es rührt sich nichts, ich komme nicht vom Fleck. Dann muß ich fragen, warum ich nicht genügend Kraft in mir habe für die Aufgaben, die mich erwarten, ob ich nicht vor einem Berg von Problemen stehe, ohne vorher aufgetankt zu haben. Und ich kann überlegen, wo für mich Kraftquellen wären. Wenn ich den Traum mit Gott bespreche, dann will mich Gott auf meine innere Quelle hinweisen, die ich verschüttet habe, auf seine Gnade, der ich keinen Zutritt gestatte. Der Traum gibt dann keine konkrete Handlungsanweisung. Ich weiß beim Aufwachen nicht, was ich genau tun soll. Aber ich spüre doch, welches Thema die nächsten Tage und Wochen bei mir ansteht. Ich werde sensibler für Überanstrengung, für Blockierungen, für die Verstopfung meiner Quellen, für das Abgeschnittensein von Gott. Und wenn ich darauf achte, kommt in mir etwas in Bewegung, Gott kann seine Gnade wieder in mir fließen lassen.

Typisch sind Fallträume. Ich falle im Traum ins Bodenlose. Ich frage mich dann, wo ich den Halt verloren habe, wo ich zu hoch hinaufgestiegen bin, wo ich mich verstiegen habe. Der Traum will mir keine Angst machen, daß ich demnächst die Treppe hinunterfallen werde. Er will mich ermahnen, mein Maß zu finden und nach meinem Halt zu fragen. Er ist ein Ansporn für mich, in Gott meinen Halt zu suchen, mir bewußt zu machen, daß ich keine Garantie habe, nicht zu scheitern oder zu fallen, aber daß ich in Gott gehalten bin und auf ihn bauen kann. In der Deutung brauche ich nur die Bilder des Traumes weiter auszumalen oder sie mit der bildhaften Sprache des Volksmundes zu beschreiben. Dann spüre ich sofort, daß ich nicht über eine äußere Treppe spreche, sondern über eine innere Situation, daß mein Fallen den Zustand meines Herzens meint. Häufig sind auch Verfolgungsträume. Immer wenn mich jemand verfolgt, ist es ein Zeichen, daß ich etwas bei mir nicht angenommen habe. Der Verfolger ist mein Schatten. Das kann ein Mensch sein, ein dunkler Typ, der mich auf meine dunklen Seiten hinweist, oder ein Feind, der zeigt, daß ich mit mir selbst im Kampf liege, oder ein Tier, das mich auf verdrängte Seiten bei mir hinweist. Ein Löwe, der mich verfolgt, weist mich auf meine Aggressionen hin, die ich nicht wahrhaben will, aber auch auf meine positive Kraft, die ich nicht zulasse. Eine Schlange kann mich auf meine Sexualität hinweisen, aber auch auf meine Schläue, auf meinen Instinkt. Tiere sind nie eindeutige Symbole. Auch hier gilt, daß ich zu ihnen assoziiere, was mir dazu einfällt, was das Tier in mir auslöst, woran es mich erinnert usw. Die richtige Reaktion auf einen Verfolgungstraum wäre, den Traum weiterzumeditieren und sich vorzustellen, daß ich mich umdrehe und den Verfolger freundlich anschaue oder gar umarme. Dann habe ich die Herausforderung angenommen und dann ist ein Stück Schatten bei mir integriert. Den Schatten kann ich ja nicht integrieren, indem ich etwas intellektuell eingesehen und in einen konkreten Vorsatz umgesetzt habe, sondern indem ich ihn anschaue, mich mit ihm aussöhne. Ich kann nicht feststellen, was durch so eine Traummeditation in mir geschieht. Aber ich vertraue darauf, daß mir mein verdrängter Schatten bewußter und dadurch ein Teil von mir geworden ist.

Ähnlich sind die Kriegsträume und Gefangenschaftsträume zu sehen. Sie zeigen, daß ich mit mir selbst im Kampf stehe, daß ich den inneren Feind bekämpfe oder daß ich in mir selbst gefangen bin, daß ich von destruktiven Kräften in mir gefangen gehalten werde. Krieg weist oft auf eine innere Zerrissenheit hin. Auch da ist es gut, den Traum zu meditieren und ihn mit Gott zu besprechen. Gott sagt mir durch den Kriegstraum etwas, was ich sonst übersehen würde. Er weist mich auf einen Zustand hin, der mir unangenehm ist. Im Gebet allein würde ich diesen Zustand wahrscheinlich übersehen. Denn im Gebet kann ich aufsteigende Ahnungen durch eigene Worte überspielen. Im Traum kann ich nichts mehr überspielen, da kann ich nicht verdrängen, da sagt mir Gott schonungslos, wie es eigentlich um mich steht. Er führt mich zu einer radikaleren Selbsterkenntnis. Er deckt mir meine blinden Flecken auf. Und er kann es im Traum auf eine Weise tun, daß ich ihn dabei nicht stören kann.

Die Träume weisen uns aber nicht nur auf negative Seiten hin, die wir verdrängt haben. Oft sind sie auch eine frohe Botschaft. Dann zeigen sie uns, daß wir schon weiter sind, als wir glauben, daß sich in uns doch schon etwas getan hat, daß wir mehr ausgesöhnt sind mit uns, als wir wahrhaben wollen. So zeigt uns etwa ein Fluß, über den wir fahren oder gehen, um ans andere Ufer zu gelangen, daß wir schon einen entscheidenden Schritt nach vorne getan haben, daß wir das neue Ufer schon erreicht haben, daß ein neuer Abschnitt unseres Weges beginnt. Oder wir sehen in unserem Haus auf einmal ganz neue Räume, die wir bisher noch nie betreten haben. Das Haus ist ja ein Bild für die Gesamtheit der Psyche. Wir haben dann in uns selbst neue Räume des Lebens erschlossen. Eine Frau erzählte mir, daß sie im Traum einen großen barocken Saal in ihrem Haus betreten habe, den sie vorher noch nie gesehen hatte. Es tut sich in ihr also etwas auf, etwas Geräumiges, Schönes, etwas Freies und Spielerisches, wie es der Barock darstellt. So ein Traum bewirkt eine positive Grundstimmung. Wir erleben uns am nächsten Tag anders. Gott hat uns eine frohe Botschaft über unsern inneren Zustand überbracht.

Oft sind die Träume ambivalent. Wir können sie dann gar nicht einstufen in positiv und negativ. Wir müssen in sie hineinhorchen und sie beachten. Manche wollen ihren Traum nicht anschauen aus Angst, sie könnten etwas Unheilvolles bedeuten. Doch das ist Unsinn. Die Träume legen nie fest. Sie zeigen uns unsere Situation und mögliche Gefahren, damit wir wachsam werden und die Gefahr beachten und so vermeiden. Auch Gefahrenträume sind hilfreich. Sie wollen uns nicht in Panik geraten lassen, sondern das Steuer in uns herumreißen, damit wir nicht in den Abgrund fahren. Es kommt nur darauf an, daß wir die Träume umsetzen in unser Leben. Aber da regt sich in uns oft harter Widerstand. E. Aeppli, ein Schüler Jungs, beschreibt unsere innere Abwehr gegen die Botschaft der Träume:

Wie oft würden wir uns am liebsten der im Traume gewonnenen Einsicht verschließen, zum Beispiel derjenigen, daß bestimmte Beziehungen zur Umwelt uns zum Schaden gereichen, daß wir lassen müssen von Menschen, Unternehmungen oder Auffassungen, an denen wir bisher aus Angst, sie zu verlieren, festhielten. Wir schließen gerne die Augen vor der nun erkannten Tatsache, daß wir im Grund viel ärger und von geringerer Gesinnung sind, als wir es bisher gerne wahrhaben wollten, und daß es also an der Zeit wäre, sich des minderwertigen Bruders in uns anzunehmen. Wir wollen es nicht eingestehen, daß in uns so vieles wohnt, das von ungebändigter und ungeformter Triebhaftigkeit und Lebendigkeit ist. Nicht annehmen, ja nicht einmal vernehmem möchte der, welcher vor den Aufgaben der Außenwelt und ihrer Gesellschaft stets zurückweicht, den strengen Traumbefehl, endlich in diese ebenso gefürchtete wie entwertete Welt zu treten. Unser Gewissen wird vom Traume aufgerufen, und es hat zu antworten auf die Frage der Tiefe: „Wenn es so um dich steht, was tust du fortan, du traumbelehrter Mensch, damit es anders und du ein anderer wirst?"[14]

In diesem Sinn wollen wir unsere Träume betrachten, danach fragen, was sie bedeuten, vor allem aber, welche Folgerungen wir für unser Leben daraus ziehen können. So will uns ein Traum, in dem wir ungenügend bekleidet mitten in einer Gesellschaft sind, zeigen, wie dürftig unser Lebenskleid ist, wie hinter unserer selbstsicheren Fassade die Ahnung von Blößen ist, von innerer Nacktheit und Armut. Wenn ich im Traum ohne Schuhe in die Kirche einziehe, dann ist das für mich eine Aufforderung, den Boden, die einfachen und banalen Realitäten des Alltags ernst zu nehmen, nicht zu entschweben, sondern in Kontakt zu bleiben mit meinen natürlichen Kräften.

Häufig sind Einbrecherträume.

Ein Dieb ist in unser Traumhaus eingebrochen . . . Es ist meistens einer aus unserer eigenen inneren Welt. Er ist aufgestiegen aus unkontrollierter Seelentiefe und bricht in unsere bewußte Welt ein, bedroht deren Ordnung und Besitz. Sehr oft ist es ein vermummtes Triebbegehren, gelegentlich auch ein mörderischer Gedanke. (310f)

Ein Einbrechertraum ist nicht von sich aus positiv oder negativ. Es kann sein, daß Kräfte in mein Haus einbrechen, weil ich sie nicht zulasse. Dann soll ich mich mit ihnen anfreunden und sie freiwillig in mein Haus lassen. Es kann aber auch sein, daß fremde Kräfte in mein Haus eindringen und es ausrauben, weil in mir alles offen steht, weil ich nicht bei mir bin. Alle Türen stehen offen, so daß ständig gefährliche Gedanken und Regungen bei mir eintreten können. Dann müßte ich mich dagegen schützen, indem ich Gott mehr Raum in mir gebe, daß er mein Haus ausfüllt und es so unzugänglich für fremde Kräfte macht.

Oft träumen wir, daß wir zu spät kommen, zu spät zum Zug, zu spät zu einer Veranstaltung. Das ist ein Bild, daß wir im Leben zu spät kommen, daß wir den richtigen Zug verpassen, weil wir zu sehr an unserer Vergangenheit hängen, weil wir zuviel Altes mitnehmen wollen auf unseren Weg. Oder aber wir träumen, daß wir unsern Koffer vergessen haben. Wir können uns dann fragen, was uns für den inneren Weg fehlt, welche wichtigen Reisemittel wir nicht mitgenommen haben. Das kann die Stille sein, die wir brauchen, das Gebet, die Gnade Gottes, die wir beiseitelassen. Es können aber auch wichtige Kräfte und Fähigkeiten sein, die wir verpaßt haben, in uns zu entwickeln. Wenn wir das Geld vergessen haben, dann fehlt uns die nötige Energie, ein Persönlichkeitswert, den wir unbedingt für unsere Reise brauchen. Oft kommen wir zu spät im Traum, weil wir nicht auf die Zeit, auf die Gegenwart achten. Oder wir steigen in einen falschen Zug ein. Deutlicher kann uns der Traum kaum sagen, daß wir auf unseren Weg sehen sollen. Wo haben wir den Anschluß verpaßt? Wo sind wir in Gefahr, einen falschen Weg einzuschlagen, auf das falsche Pferd zu setzen? Wenn wir nach so einem Traum Gewissenserforschung halten, werden wir vieles in uns entdecken, was uns ohne Traum verborgen geblieben wäre. Der Traum ist der Schlüssel, der dann auch unserem reflektierenden Geist die Tür zu dem Raum aufschließt, der unsere gegenwärtige Situation am reinsten widerspiegelt.

Der Weg ist ein weit verbreitetes Gleichnis für unser Leben. Und so sehen wir uns im Traum häufig auf dem Weg. Wir gehen unbekannte Wege oder anfangs bekannte Wege, die auf einmal aufhören. Wir irren dann verzweifelt umher und suchen ein bestimmtes Ziel, eine Stadt, ein Haus. Oder wir bleiben wie angewurzelt stehen und können keinen Schritt mehr machen. Das alles sind Bilder für unseren momentanen Lebensweg. Und wir tun gut daran, diese Bilder in unsere Gewissenserforschung einzubeziehen und Gott zu befragen, was er uns in den Bildern über unsern Ist-Zustand sagen will und welche Schritte wir unternehmen sollten.

Der Weg im Traum führt manchmal in die Enge. Wir müssen da hindurch wie bei der Geburt. Ein neues intensiveres Leben erwartet uns jenseits der Enge. Oft stehen wir vor einem Kreuzweg. Wir wissen nicht, in welche Richtung wir gehen sollen. Manchmal zeigen uns Wegweiser mit seltenen Namen den Weg. Sie erinnern uns an seelische Inhalte, die es nun gilt, bewußt zu machen. Manchmal taucht dann ein wegekundiges Tier auf, das den Instinkt in uns bezeichnet. Oder es ist ein kleines Kind oder gar ein Engel, der uns sicher führt. (Vgl. 307). Nach solchen Träumen haben wir allen Grund, Gott zu danken, daß er uns den Weg leitet und uns sagt, worauf wir hören sollen.

Häufig sind auch Prüfungsträume, nicht nur in Zeiten schulischer und beruflicher Prüfungen. Sie zeigen immer, daß wir mit unserem Leben eine Prüfung zu bestehen haben. Wir brüten über Aufgaben, die wir zu lösen haben in unserer gegenwärtigen Lebensschule,

in der wir alle unsere Aufgaben zugewiesen bekommen, unser Pensum, etwa die Erledigung eines größeren Konfliktes in angemessener Zeit zu beendigen und die Prüfungen des Daseins zu bestehen. Im Traume werden wir zu einer Antwort aufgerufen, aber die Frage ist eine Lebensfrage, oft gestellt vom allermächtigsten Schicksal. Es kommt vor, daß einer sich vom unbekannten Lehrer muß „in die Hefte schauen lassen", in etwas, das er gerne verbärge. Oder er soll in einer Fremdsprache reden können, in einer Sprache etwa des Gefühls, die er vielleicht noch gar nie gelernt, und die ihm deshalb fremd geblieben ist. Und doch verlangt die Lebenssituation, daß jetzt einmal das Gefühl spreche. (321)

Solche Schulträume sollten wir meditieren, um herauszufinden, was denn unsere Aufgabe heute sei und wo wir an uns zu arbeiten haben, um die Prüfung, die Gott uns abverlangt, zu bestehen.

Allerhand Tiere begegnen uns im Traum und erinnern uns an unsere Instinkte und Triebe. Wir können nie sagen, dieses Tier bedeutet genau das oder jenes. Aber dennoch ist es gut, sich in das Wesen der Tiere hineinzumeditieren, um uns selbst darin besser kennenzulernen und um zu sehen, was gerade das Thema unseres geistlichen Weges ist. Das Pferd „stellt vor allem die disziplinierte und geformte Triebhaftigkeit des Menschen dar" (361). Wenn die Pferde im Traum scheuen, ist „die seelische Ordnung des erotischen Lebens im Träumer gestört" (362). Der Hund zeigt das Triebhafte als unsern Freund.

Wo immer ein Träumer von einem Hunde begleitet wird, da ist dieser Träumer in einer günstigen Beziehung zu Kräften seines Unbewußten. Da begegnet ihm eine wachsame Instinktsicherheit. (366)

Der Löwe gilt als König der Tiere. Er weist auf große seelische Energien hin, denen man sich stellen muß, um heranzureifen und in eine neue sichere Form zu gelangen. Der Tiger ist ein Bild für den selbständig gewordenen Trieb, der uns aus dem Hinterhalt anfällt, um uns zu zerreißen (372). Bei Mäusen und Ratten in unsern Träumen sollten wir uns fragen, wo in uns ein versteckter Kummer oder eine große Sorge nagt. Vögel gelten als geistige Wesen. Sie weisen auf Gedanken hin, die uns bewegen, auf hohe Adlergedanken oder dunkle Rabengedanken. Wenn Hühner in unsern Träumen gackern, meinen sie eine „extravertierte, geistarme Kollektivität" (379)

Schlangenträume sind häufig. Für Freud haben Schlangen immer sexuelle Bedeutung. Doch das ist zu einseitig. Die Schlange ist ein wichtiges Traumsymbol. Sie ist

ein Bild besonderer, urtümlicher Kräfte. Sie stellt denn auch nach aller psychologischen Erfahrung ein großes Symbol psychischer Energie dar. Wer im Traume der Schlange begegnet, der trifft auf Kräfte aus ich-fremder Seelentiefe, so alt, möchte man sagen, wie dieses Tier der Vorzeit selbst ist. (380)

Diese Kräfte können gefährdend oder heilbringend sein. So kann die Schlange heilende Vorgänge in unserer Seele anzeigen oder auch die Erfahrung innerer Wandlung, der Wiedergeburt aus dem Geiste. Alle Tiere, die uns im Traum erscheinen, sind ambivalent. Es genügt nicht, die hier beschriebenen Bedeutungen einfach zu übernehmen. Wir sollen vielmehr ein Gespräch mit den Traumtieren anfangen. Dann kommen wir in Berührung mit verdrängten Kräften in uns, die integriert werden wollen. Wir ahnen seelische Vorgänge innerer Wandlung und wir erkennen Gefahren, die uns auf unserem Weg drohen. Die Alten würden sagen, Gott schickt uns die Tiere im Traum, um uns hilfreich zu begleiten und uns auf Gefährdungen aufmerksam zu machen.

Viele erschrecken, wenn sie vom Sterben träumen. Sie haben Angst, daß sich ihr eigener Tod oder der Tod lieber Menschen darin ankündigt. Doch Todesträume weisen auf unser inneres Sterben hin, damit Neues in uns geboren werden kann.

Aus der Erfahrung von Tausenden und Abertausenden kleiner und großer Träume gewinnt man die Gewißheit, daß Träume vom Tode nie leiblichen Tod verkünden, daß sie also nicht dunkle Voraussage sind. Träume, in denen vom Tode gesprochen wird, in welchen in oft seltsamen Bildern ein Sterben sich vollzieht, in denen wir selbst sterben müssen, oder gar am eigenen Begräbnis teilnehmen, besagen nichts anderes, als daß seelisch etwas tot ist, daß die Beziehung zu den Menschen, die wir als gestorben träumen, zur Zeit des Lebens entbehrt. (351)

Träume von Kindern verkünden immer eine frohe Botschaft. In uns wächst Neues heran, und neue Lebendigkeit bricht durch die alte Starre hindurch. Wir kommen in Berührung mit unserem wahren Kern, mit dem Unverfälschten und Echten in uns. Wenn wir im Traum schwanger sind, dann kündigt sich Neues an, dann dürfen wir annehmen, daß wir zu uns selbst gefunden haben, daß alles in uns gut wird und neu. Eine ähnliche frohe Botschaft sind auch Träume von einer Hochzeit. Die Hochzeit zwischen Mann und Frau ist ein Bild für die Vereinigung der Gegensätze, für die Verbindung von anima und animus. Es ist eine heilige Hochzeit. Gott selbst vereinigt in uns die Gegensätze. Und so werden wir Ort seiner Gegenwart. Nichts mehr in uns wird ausgeschlossen vom göttlichen Leben. Alles darf teilhaben an der Fülle des Lebens, alles kündet von diesem Leben. Träume von Hochzeit und Kindern machen uns innerlich froh. Wir wachen anders auf, voller Hoffnung und Ahnung, daß wir ein wesentliches Stück weiter gekommen sind auf unserem Weg der Selbstwerdung und der Einswerdung mit Gott.

Vom Einswerden mit Gott künden oft numinose Träume. Wir sitzen in einer Kirche oder tun dort irgendetwas oder wir sind Zeuge heiliger Handlungen. Oft begegnen wir in der Kirche Dingen, die da gar nicht hineingehören. So liegt vielleicht Kot auf dem Altar. Das muß nicht bedeuten, daß das Heiligste in uns besudelt ist, sondern es kann ein Zeichen sein, daß alles in uns verwandelt wird, auch das Dunkle und scheinbar Schmutzige in uns. Alles, was wir in der Kirche sehen, gehört da auch hinein. Vielleicht haben wir es noch zu wenig in unsern Glauben einbezogen. Vielleicht leben wir noch zu sehr im Zwiespalt zwischen den religiösen und vitalen Kräften, zwischen religiöser Sehnsucht und unseren Trieben. Kirchenträume zeigen uns entweder an, was sich in unserer Seele tut oder aber was unsere Aufgabe ist und was wir bisher übersehen haben. Wenn in meiner Traumkirche immer umgebaut wird, ist das ein Zeichen für meine Glaubenssituation. Auch für Kirchenträume gibt es keine fertigen Deutungsrezepte. Wir müssen uns und unsere momentane Situation im Spiegel des Traumes zu deuten versuchen. Das gelingt nur, wenn wir Traum und Wirklichkeit in einen Dialog bringen. Der Traum deutet uns dann die Wirklichkeit unseres Lebens und umgekehrt läßt uns der Blick in unsere konkrete Lage die Botschaft des Traumes entziffern.

Die psychologische Traumforschung kann uns helfen, die Sprache unserer Träume zu verstehen. Aber für uns ist die Sprache der Träume nicht nur die Sprache unserer Seele, unseres Unbewußten, sondern Gottes vergessene Sprache, wie sie der Jungschüler und Theologe Sanford[15] genannt hat. Wir wollen darauf hören, was Gott uns in der Sprache der Träume mitteilen will und vielleicht auch nur in dieser Sprache mitteilen kann. Denn die Worte, die er uns tagsüber sagt, überhören wir oft. Oder wir biegen die Worte, die wir in Gebet und Schweigen hören, um, wir legen unsere Wünsche hinein, wir lassen das Unangenehme an uns vorbei. Im Traum deckt uns Gott die Wahrheit über uns auf, ohne daß wir etwas dagegen unternehmen können. Und oft genug ist es eine unangenehme Wahrheit, eine Wahrheit, die wir bisher erfolgreich verdrängt haben. Im Traum hat nicht mehr unser Ich das Heft in der Hand, da meldet sich eine andere Instanz. Die Psychologie nennt sie das Selbst, wir können auch sagen, daß Gott sich darin zu Wort meldet. Auch der Psychologe kann in seiner Praxis etwas von dieser höheren Instanz des Selbst oder vom Wirken Gottes in den Träumen erfahren:

In der beraterischen Praxis wird man immer wieder Zeuge der Dankbarkeit dafür, daß in uns eine höhere Instanz wohnt – die komplexe Psychologie nennt sie das „Selbst" –, die unsern Lebensweg klarer, als wir es tun können, miterlebt, an seinem Gelingen mitarbeitet und durch das Mittel des Traumes immer wieder meldet, wo wir uns auf der Schicksalsfahrt befinden, was uns bedroht, wessen wir bedürfen und wohin wir zu steuern haben. Durch das erlebte Vertrauen in das Wissen seines Selbst, aus dem Erfahren neuer Kräfte gewinnt der Mensch eine bisher nie gekannte Ruhe. Er weiß, wo immer er vor neuen Problemen steht, in Konflikten nicht weiter kommt, in die große Auseinandersetzung mit sich selbst geraten ist, da schickt ihm die Seele das Gleichnis ihres Traumes . . . Er lebt in der Gewißheit, den Weg immer offen zu finden, der nach Hause führt. Manchmal scheint uns, wenn wir ergriffen sind vom tiefen Sinne eines großen Traumes, als seien wir jetzt schon in diesem großen Zuhause, dessen Herr sich auch der Träume bedient, damit wir ihm stets nahe bleiben.[16]

Wir täten uns selbst und den Menschen, die zu Beichtgesprächen oder Exerzitien zu uns kommen, keinen Gefallen, wenn wir Gottes Sprache in den Träumen übergehen würden. Wir würden wichtige Bereiche unseres Lebens von der Verwandlung und Heilung durch Gott ausschließen. Und unserem geistlichen Leben würde es an Lebendigkeit und Echtheit, an Kraft und Wahrheit, an Freiheit und Weite, an Liebe und Güte, an Ausstrahlung und Faszination fehlen. Alle geistlichen Wege, die den Schatten ausschließen, führen immer in eine gefährliche Spannung. Zu leicht wird der Mensch dann zerrissen zwischen seinem guten Willen und seinem Streben, Gott zu lieben und ihm zu gehorchen auf der einen Seite, und seinem Schatten, der sich in seiner Erdverbundenheit, in seinen Bedürfnissen und in seinen Trieben äußert, auf der andern Seite. Dann entstehen die religiösen oder ekklesiogenen Neurosen. Und der christliche Glaube würde dann trotz seiner Botschaft von der Liebe grausam mit den Menschen umgehen, sie überfordern und letztlich zerreißen. Leider hat die Kirche in der Vergangenheit viele Menschen auf dem Gewissen, weil sie sie in eine unerträgliche Spannung gestellt hat. Daher ist es ein Gebot der Stunde, aus der reichen geistlichen Tradition der Kirche zu schöpfen und wieder jene ganzheitliche Spiritualität zu entwickeln, die alle großen christlichen Schulen auszeichnet, sei es die Schule des frühen Mönchtums oder der griechischen Mystik, sei es die ignatianische Spiritualität oder die Mystik eines Meister Eckehart oder der vielen großen Frauen, die so oft verdächtigt worden sind. Eine ganzheitliche Spiritualität kann es sich nicht leisten, den Leib auszuklammern und die Träume zu vernachlässigen. Erst wenn der ganze Mensch in den Blick kommt, kann er auch als ganzer heil werden.

4. Regeln für den geistlichen Umgang mit Träumen.

Wenn man die Regeln mancher Traumbücher befolgte, bräuchte man täglich eine Stunde Zeit, um sich mit seinen Träumen zu beschäftigen. Das halte ich für übertrieben. Man darf auch keinen Kult mit seinen Träumen treiben. Der Traum ist ein Ort der Gottesbegegnung unter vielen anderen. Und wie unsere Gedanken und Gefühle und unsern Leib sollen wir auch unsere Träume beachten. Wenn wir aber der Traumwelt mehr Beachtung schenken als unserem realen Tun und Denken, dann kann das auch eine Flucht vor der Wirklichkeit und somit auch vor Gott sein. Die Beschäftigung mit den Träumen ist also innerhalb des ganzen geistlichen Weges zu sehen. Sie entspringt nicht psychologischer Neugier, sondern dem geistlichen Verlangen, alle Bereiche unseres Lebens für Gott zu öffnen. Sie bedeutet keine Verpsychologisierung des geistlichen Lebens, sondern eine Weiterführung des spirituellen Weges bis in das Unbewußte hinein.

Manche meinen, die Beschäftigung mit den Träumen ohne ausreichendes psychologisches Wissen und ohne therapeutische Begleitung sei gefährlich. Die Hilfe eines Traumkundigen tut sicher gut. Doch wir brauchen nicht zu ängstlich zu sein, daß wir ständig Mißdeutungen unserer Träume erliegen würden. Jeder hat von sich aus ein Gespür dafür, was die Träume bedeuten könnten. Wenn er einen Sinn für die Bilder hat, dann kann er sich auch in die Traumbilder hineinfühlen und erkennen, was sie ihm bedeuten. In den Träumen stößt er ja auf ähnliche Bilder, wie sie in der Bibel oder in Mythen und Märchen vorkommen. Und die Traumsprache nimmt nur die Bildsprache des Volksmundes auf. Kelsey, ein amerikanischer Geistlicher und Psychologe, der sich seit Jahren aus geistlichem Interesse heraus mit seinen Träumen beschäftigt hat, schreibt über seine Erfahrung:

Seit 20 Jahren beschäftige ich mich mit den Träumen anderer Menschen und seit 25 Jahren mit meinen eigenen Träumen. Ich habe niemals erlebt, daß ein Traum jemand in die Irre geführt hätte, solange er den Traum nicht wörtlich nahm, sondern ihn symbolisch betrachtete. Außerdem entdeckte ich, daß der Traum uns aufzeigen möchte, wie wir zur Ganzheit gelangen könnten . . . Die Arbeit mit Träumen vermittelt oft ein befriedigendes Gefühl. Wir haben jedoch keine Gelegenheit, uns auf unseren Lorbeeren auszuruhen, denn sobald wir das Gefühl haben, alles sei nun gelöst und in Ordnung, wird Gott uns neue Bereiche zeigen, an denen wir arbeiten müssen. Obwohl ich mich schon lange mit meinen Träumen befasse, entdecke ich jedes Jahr etwas Neues, was ich beachten muß, um mehr in das Bild hineinzuwachsen, das Gott von mir hat.[17]

Darum geht es im geistlichen Umgang mit den Träumen, daß wir immer mehr in das Bild hineinwachsen, das sich Gott von uns gemacht hat. Wir sollen mit unseren bewußten und unbewußten Kräften mit Gott eins werden und von Gottes Geist immer mehr verwandelt werden. Das Unbewußte ist nicht die Domäne der Psychologie, sondern auch der Bereich, in dem Gott wirkt und in dem wir Gott manchmal leichter vernehmen können als in unserer bewußten Welt, die von uns selbst beherrscht wird. „Die innere Welt, die Welt des Traumes, scheint für Gottes Wirken zugänglicher zu sein als die äußere Welt“, so meint Kelsey[18].

Viele können sich an ihre Träume nicht erinnern. Auch der Wille, sich mit den Träumen zu beschäftigen, hilft ihnen nicht weiter. Sie meinen, sie würden einfach nicht träumen. Doch daß jeder träumt, ist wissenschaftlich nachgewiesen.

Wenn man Menschen konsequent am Träumen hindert, werden sie psychisch und physisch krank. Aber trotzdem können sich viele nicht an ihre Träume erinnern. Manche Psychologen meinen, das Nichterinnern sei ein Verdrängen. Man will sich nicht an die Träume erinnern, weil man den unangenehmen Einsichten aus dem Weg gehen möchte.[19] Doch ich bin vorsichtig, da gleich Verdrängen zu vermuten. Vielleicht braucht einer momentan die Träume nicht, weil er schon bewußt genug lebt, weil er sich in Gebet und Schweigen schon ehrlich mit sich auseinandersetzt. Vielleicht schützt ihn das Unbewußte auch vor dem Erinnern, weil ihn eine Auseinandersetzung mit den Träumen im Augenblick überfordern würde. So ist es sicher normal, daß wir uns in Zeiten großer Beanspruchung und Anstrengung meist nicht an Träume erinnern können. Es gibt Phasen intensiven Träumens und Phasen, wo wir uns kaum erinnern. Wir sollen dann nicht krampfhaft nach Träumen suchen. Wenn man ständig Träume produziert, kann das auch eine Verdrängung sein. Faraday, eine englische Traumforscherin meint, für eine Psychotherapie könne man höchstens 2 oder 3 Träume in der Woche heranziehen. Man kann sich auch mit Träumen ersticken. Und zuviele Träume sind oft ein Widerstand gegen die Therapie und eine „Methode, wichtigen Fragen auszuweichen“[20]. Es genügt also, wenn wir uns eine zeitlang darin üben, uns an die Träume zu erinnern, indem wir uns bewußt mit ihnen beschäftigen und sie aufschreiben. Dann dürfen wir vertrauen, daß sich die wichtigen Träume schon zu Wort melden, wenn wir nur grundsätzlich dafür offen sind. Wir sollen uns aber nicht mit andern vergleichen. Es gibt auch hier verschiedene Veranlagungen. Der eine ist von Natur aus sensibel für seine Träume. Er lebt mit ihnen und aus ihnen. Für den andern sind sie eine fremde Welt. Er soll lernen, seine Träume wahrzunehmen. Aber er muß sich nicht unter Druck setzen, um andere mit seinen Träumen zu übertreffen. Es geht immer um das rechte Maß. Ich glaube, für den maßvollen Umgang mit den Träumen auf unserem geistlichen Weg genügen die 4 folgenden Regeln:

Die erste Regel ist, die Träume aufzuschreiben. Man sollte sich ein Traumtagebuch anlegen. Eine zeitlang kann man es sich zur Übung machen, täglich seine Träume aufzuschreiben. Dann kann man es dem eigenen Gespür überlassen, nur die Träume zu notieren, die einen wirklich berühren. Oder man kann gerade in den Exerzitien oder im Urlaub sich bewußter mit den Träumen befassen. Wenn wir einen Traum nicht innerhalb von 5 Minuten nach dem Erwachen aufschreiben, vergessen wir ihn normalerweise. Und vergessene Träume lassen sich nicht interpretieren.[21] Wenn wir etwas über Träume lesen, erinnern wir uns gewöhnlich leichter daran. Die theoretische Beschäftigung macht uns schon sensibler dafür. Eine Hilfe kann auch sein, abends Gott darum zu bitten, daß er uns gute Träume schicke und daß wir auch beachten mögen, was er uns sagt. Das Abendgebet hatte ja von jeher die Bedeutung, daß wir uns im Schlaf in Gottes Hände ergeben, damit er an uns wirke. Vom Abendgebet erwartet man sich gute Träume. So betet der kirchliche Komplethymnus, daß Gott uns vor Alpträumen bewahren möge. Ohne Gebet einzuschlafen und seinen Ärger mit in den Schlaf zu nehmen, das bewirkt nach der Meinung der Mönche Alpträume. Das Abendgebet ist daher ein Stück Seelenhygiene, die Bereitung unserer Seele für die Träume, die Gott uns schicken möge.

Eine 2. Regel für den Umgang mit Träumen ist, daß wir die Träume ernstnehmen und mit ihnen ein Gespräch anfangen. Zunächst sollen wir uns in die Bilder hineinspüren. Was sagen uns die Bilder, was verbinden wir mit ihnen? Dann sollen wir assoziieren: Was fällt uns dazu ein? An welche Zeiten, welche Begebenheiten erinnert uns die Landschaft, die Zahl, der Mensch, das Wort, die Farbe? Manchmal sind die Traumbilder nicht archetypische Bilder, sondern einfach Erinnerungszeichen an vergangene Erlebnisse. Das Gespräch mit dem Traum kann uns helfen, den Traum für uns zu entschlüsseln. Dabei gibt es keine absolute und eindeutige, für alle gültige Traumdeutung. Jeder muß selbst in sich hineinhorchen und erforschen, was der Traum ihm sagt. Dieses Sprechen und Hineinhorchen kann auch zum Gebet werden. Ich spreche dann mit Gott über meine Träume. Gott möge mir sagen, was er bedeutet, worauf der Traum mich aufmerksam machen möchte. Das Gespräch mit Gott über meine Träume zeigt, daß ich nicht mit unverbindlicher Neugier an den Traum herangehe, sondern im Gehorsam Gott gegenüber. Ich bin bereit, mich auf Gott einzulassen, auf sein Wort zu hören, mich von ihm in Frage stellen, mich von ihm mahnen und warnen zu lassen. Und ich bin bereit, mir von Gott aufdecken zu lassen, was unter der Oberfläche eines erfolgreichen Lebens rumort und gärt und was gar nicht so ansehnlich bei mir ist. Und zugleich verpflichte ich mich im Gebet, gehorsam das zu tun, was Gott von mir verlangt, und gehorsam auf das zu reagieren, was er mir im Traum aufgedeckt hat. Gottes Willen für mich kann ich nur im Gespräch mit Gott erkennen. Aber das Gespräch sollte eben nicht nur die bewußten Erfahrungen bedenken, sondern auch die Träume, die das Unbewußte bloßlegen und mich oft in den eigenen Grund führen, in dem ich Gott berühre.

Eine dritte Regel für den Umgang mit Träumen ist, daß wir den Traum weitermeditieren oder daß wir ihn ausspielen. Weitermeditieren heißt, sich in das Bild nochmals hineinbegeben, auf seine Gefühle dabei achten und dann die Situation weiterausphantasieren. Jung nennt diese Methode die Imagination. Wir malen uns das Traumbild weiter aus und führen es bewußt in eine gute Richtung. Einen Verfolgungstraum weitermeditieren heißt z.B., sich in die Situation hineinversetzen und dann versuchen, sich in der Vorstellung umzudrehen, den Verfolger anzuschauen und ihn liebevoll zu grüßen. Oder den Traum vom barocken Raum in meinem Haus kann ich weitermeditieren, indem ich den Raum von allen Seiten anschaue, mich hineinfühle und die Schönheit und Weite genieße. Dann kann die frohe Botschaft, die Gott mir in so einem Traum gibt, auch meinen bewußten Geist erfassen und ihn durchdringen. Manch einer mag denken, was das denn nutzen sollte. Das verändert doch nicht mein Leben. Der Traum gibt mir keine konkrete Handlungsanweisung, er sagt mir nicht, welchen Vorsatz ich fassen sollte. Aber indem ich mich in ihn hineinmeditiere, kann sich seine heilende Wirkung in mir ausbreiten. Und ich komme durch die Meditation in Berührung mit meiner Wahrheit, mit vielen Seiten meines Wesens, die ich sonst nicht sehen würde. Und gerade die Meditation der Traumbilder läßt mich die Wahrheit meines Lebens eher erkennen als eine gelehrte Analyse.

Statt weiterzumeditieren können wir den Traum auch ausspielen. Wir können die Rolle einer Traumfigur übernehmen und mit ihr ins Gespräch kommen. Was willst du mir sagen? Warum verhältst du dich so? Oder wir können die Rolle selbständig weiterspielen. Diese Methode ist vor allem von Perls in seiner Gestalttherapie entwickelt worden", „denn im Traum sah er die Möglichkeit, die verschütteten Teile einer Persönlichkeit aufzudecken, so daß sie wieder zu einer Ganzheit wird."[22] Faraday beschreibt die Methode Perls so:

Perls betrachtete jedes Traumbild, ob es nun menschliche, tierische, pflanzliche oder mineralische Gestalt hat, als einen entfremdeten Teil des Ich, den wir auf das betreffende Bild projiziert haben. Der Träumer soll deshalb jedes Bild, das heißt jede Person und jeden Gegenstand seines Traums, der Reihe nach schauspielerisch darstellen, um die Traumereignisse aus der Sicht der einzelnen „Akteure" wiederzuerleben. Anschließend werden Begegnungen zwischen den Traumakteuren inszeniert, und wenn sich diese gegenseitig attackieren, wird dem Träumer klar, daß er eine wichtige Spur gefunden hat. Sollte sich sein Hirn dieser Prozedur verschließen oder schläfrig werden, so weiß er, daß dies ein Ausweichmanöver ist. Es braucht jedoch jemanden, der auf solche Dinge aufmerksam machen kann; deshalb ist es gut, die Traumarbeit in einer Gruppe durchzuführen. Das Ziel ist, die Fragmente der Persönlichkeit miteinander in Einklang zu bringen, so daß sie unser inneres Wachstum fördern, statt es zu behindern. Der beste Weg, einen Traum zu nutzen, ist laut Perls, ihn zum Leben zu erwecken und nachzuerleben, statt ihn für die Interpretation in Stükke zu schneiden.

Natürlich können wir diese Methode nicht einfach übernehmen, wenn wir uns allein mit unsern Träumen beschäftigen. Aber wir können zumindest einzelne Elemente weiterführen. Ein Element ist, daß wir den Traum in der Gegenwartsform erzählen. Und wir können dann Personen oder auch Dinge des Traumes sprechen lassen, etwa unser Auto oder unser Haus. Was willst du damit, daß du stehen bleibst? In so einem inneren Gespräch kommen wir an viele verdrängte und abgespaltene Elemente unserer Persönlichkeit, die alle integriert werden wollen, damit wir ganz werden und lebendig, damit wir das Leben in Fülle haben, das Jesus uns schenken will. Wir behindern dieses Leben in Fülle, wenn wir Christus nur unsere fromme Seelenspitze hinhalten. Wir sollen alles, was in uns auftaucht, in sein Licht halten, daß er es verwandeln und zum Leben wecken kann.

Die 4. Regel meint, daß wir unsere Träume mit einem anderen besprechen, daß wir sie also bewußt beim Beicht- oder Seelsorgsgespräch dem geistlichen Begleiter vorlegen. Gerade in intensiven geistlichen Prozessen, wie sie in Einzelexerzitien ablaufen, ist es ratsam, auch seine Träume mit einzubringen. Oft erlebe ich, wie dem andern beim Erzählen selbst schon die Bedeutung seines Traumes aufgeht. Ich brauche dann nur ein paar Anstöße zu geben und er kann seinen Traum selber besser verstehen. Im Gespräch ergänzen sich der Traumerzähler und Zuhörer und miteinander kommen sie auf Ideen, die jedem allein verschlossen geblieben wären. Der Zuhörer wirkt wie ein Spiegel, in dem sich der Erzähler selbst objektiver erkennen kann als durch Selbstbetrachtung.

Oft fällt mir als Zuhörer gar nichts zu dem erzählten Traum ein. Ich verstehe die Symbole nicht. Dann frage ich, was dem andern dazu einfällt. Oder ich lasse mir Teile noch genauer erklären. Im Miteinander-Anschauen und Assoziieren kommen wir dann meistens zu einer Einsicht, die für beide neu ist, aber doch unmittelbar einleuchtet. Es ist wie ein Ahaerlebnis. Auf einmal läßt sich die Botschaft des Traumes entziffern.

Und wir stehen dann beide unter dem Wort Gottes, das im gedeuteten Traum verstehbar wird.

In der geistlichen Begleitung, vor allem in Einzelexerzitien, frage ich öfter nach Träumen, nach typischen immer wiederkehrenden Träumen oder nach Träumen, die einen in letzter Zeit angerührt haben. Bei Einzelexerzitien stellen sich oft Träume ein, die dem Exerzitanten das Thema für seine stillen Tage angeben und auch schon Antworten und Wege andeuten. So träumte eine Schwester zu Beginn der Einzelexerzitien, daß sie bei ihrer Ärztin war. Die Ärztin untersuchte sie und stellte fest, daß sie überall gesund sei, nur mit dem Herzen sei etwas nicht in Ordnung. Der Traum war für sie sofort klar. Mit ihrer Beziehung zu Christus stimme etwas nicht. So war es ihre Aufgabe, in den Exerzitien wieder in eine persönliche Beziehung zu Christus zu kommen. Beim ersten Gespräch hatte sie ihre geistliche Situation geschildert und ihre Wünsche geäußert, was in den Exerzitien bei ihr in Bewegung kommen solle. Doch der Traum gab in dem Bild „herzkrank" viel deutlicher an, was ihr eigentlich fehle und woran sie zu arbeiten habe. Bilder treffen das Wesen unseres Zustandes oft besser, als unsere mühsamen Versuche, unsere Situation zu analysieren.

So habe ich öfter die Erfahrung gemacht, daß bei Einzelexerzitien manchem der Traum seine Aufgabe stellt. Manchen begleiten die Träume auch während der stillen Tage und helfen bei der Lösung wichtiger Fragen. Wenn eine Entscheidung ansteht, dann ist es sicher sinnvoll, im Licht biblischer Texte und im Durchleuchten der verschiedenen Motive nach dem Willen Gottes zu fragen. Aber viele Entscheidungen lassen sich nicht rational und auch nicht durch Gebet allein erkennen. Da ist der Traum oft hilfreich. Allerdings gibt der Traum auch nicht eindeutig die Lösung an. Im Anschauen und Deuten des Traumes und im Betrachten vor Gott muß nach der Lösung gesucht werden. Bei einem jungen Mann, der vor der Frage stand, die Beziehung zu seiner Freundin entweder abzubrechen oder sich endgültig an sie zu binden, gaben die Träume eine eindeutigere Antwort als alles Abwägen und Durchdenken der verschiedenen Alternativen. Die Unterscheidung der Geister, die für die geistliche Begleitung so wichtig ist, darf und soll sich auch der Träume bedienen, um zu erforschen, was der Wille Gottes für diesen Menschen ist. Aber es ist eben auch notwendig, die Träume nicht als letzte Instanz zu sehen, sondern sie mit der Unterscheidung der Geister zu prüfen und zu beurteilen.

Die Träume sind nicht die höchste Norm. Sie müssen immer konfrontiert werden mit dem Wort der Schrift und mit der Realität des Alltags. Denn sonst besteht die Gefahr, daß sich einer seine eigene Traumwelt aufbaut und sich in sie zurückzieht. Er läßt sich dann von niemandem mehr in Frage stellen. Deshalb gebe ich immer einen Bibeltext zur Meditation und nicht den Traum. Der Traum kann eine Ergänzung sein oder der Horizont, in dem ich mich auf den biblischen Text einlasse. Wenn sich einer dem biblischen Text nicht stellen kann, ist das ein Zeichen, daß er in der Betrachtung seiner Träume nur um sich selber kreist und bei sich stehen bleibt. Dann kann er auch Gottes Botschaft in den Träumen nicht mehr erkennen. Er macht sich dann nur interessant mit seinen Träumen, aber er hört nicht wirklich auf sie. Er benutzt seine Träume, um niemand an sich heran zu lassen, weder den geistlichen Begleiter, noch Gott.

Wenn ich mich auf die Träume des Exerzitanten einlasse, dann konfrontiere ich sie nicht nur mit dem Wort der Schrift, sondern auch mit dem realen Leben. Der Traum nützt nichts, wenn er nicht in die Wirklichkeit gestellt und dort ausgelebt wird. Für Benedikt ist die Arbeit ein Test, ob das Gebet stimmt. Genauso ist die Wirklichkeit des Alltags ein Test, ob der Umgang mit den Träumen echt und gut ist. Es gibt eine Flucht in die Frömmigkeit, aber auch eine Flucht in die Träume. Die Realitätskontrolle ist daher entscheidend. Der Traum soll die Wirklichkeit gestalten und mit Leben erfüllen. Man darf sich aber nicht vor der Wirklichkeit in die Traumwelt zurückziehen. Aus dem Traum müssen Konsequenzen gezogen werden. Und diese Konsequenzen müssen auch für den geistlichen Begleiter einsichtig und nachvollziehbar sein. Es gibt eine Art, über seine Träume zu sprechen und mit ihnen umzugehen, bei der in mir ein ungutes Gefühl aufsteigt. Irgendwie spüre ich, daß das nicht stimmt und daß es dem andern auch nichts nützt, in seiner Traumwelt zu leben. Dann gehe ich nicht näher auf die Träume ein, sondern konfrontiere ihn mit der Bibel und mit Aufgaben des Nachdenkens und Meditierens und mit konkreter Gestaltung seines Alltags.

Aber umgekehrt erlebe ich auch, wie sich manche hinter Bibelstellen verstecken. Sie meditieren sie zwar brav und können eine Menge guter Gedanken darüber berichten. Aber ich habe dann das Gefühl, das stimmt nicht, er benutzt die Worte der Bibel als Schild, um sich gegen unliebsame Fragen abzuschirmen. Er verschanzt sich hinter den Worten. Dann frage ich gezielt nach Träumen. Denn in den Träumen kann er sich nicht mehr hinter gut überlegten unverbindlichen Gedanken verstecken. Da offenbart er sich, auch wenn er es nicht möchte. Da tut sich ein Spalt auf, durch den ich dann auf sein Herz schauen kann. Und erst wenn ich mit seinem Herzen in Berührung komme, ist eine fruchtbare geistliche Begleitung möglich. Es geht dann wirklich um ihn, um seine Person, um seine Wunden und seine Sehnsüchte und nicht mehr um fromme und erbauliche Gedanken, über die wir uns eine ganze Woche lang unverbindlich austauschen könnten.

Es bedarf der Unterscheidung der Geister, um zu beurteilen, ob es angebracht ist, nach den Träumen zu fragen und auf sie einzugehen, oder ob es genügt, den geistlichen Weg des Exerzitanten zu begleiten, indem man ihn Bibeltexte meditieren und darin nach Gottes Willen suchen läßt. Wenn einer sich an keinen Traum erinnert, dann bohre ich auch nicht weiter. Für manche ist der Traum nicht das geeignete Medium. Es genügt ihnen, Bibelstellen zu meditieren und darin Gott zu begegnen und sich selbst wiederzufinden. Bei manchen geht es nicht darum, Gottes konkreten Willen zu erkennen, sondern auf dem mystischen Weg immer mehr mit Gott eins zu werden, immer freier von sich selbst zu werden, um in Gott zur Ruhe zu kommen. Auf diesem kontemplativen Weg gibt es Etappen, da die Träume schweigen. Und es gibt Wegstrecken, da sie sich wieder melden und wichtige Botschaften vermitteln. Es geht immer um Gott, nicht um die Methoden, ihn zu suchen und zu finden. Wir sollen auf unserem geistlichen Weg frei werden von uns selbst, durchlässig für Gottes Geist, für Gottes Güte und Menschenfreundlichkeit, Ort der Gegenwart Gottes in dieser Welt, von Gott in Dienst genommen und zugleich Tempel Gottes, der unsere innerste Mitte ist. Welche Methoden uns auf diesem Weg helfen, ist zweitrangig. Die Erfahrung zeigt, daß die Träume über lange Wegstrekken hinweg ein hilfreicher Begleiter und Wegweiser sein können.

Die Erfahrungen, die ich mit den Träumen anderer gemacht habe, möchte ich kurz zusammenfassen in 4 Regeln für den geistlichen Begleiter, wie er mit den Träumen derer umgehen kann, die sich ihm auf ihrem spirituellen Weg anvertrauen. Die erste Regel wäre, ein Gespür zu entwickeln, wo das Eingehen auf Träume angebracht ist. Sobald man merkt, daß es beim andern stockt, daß nichts in Bewegung gerät, ist es ratsam, nach den Träumen zu fragen. Dabei muß man seinem Gefühl trauen, ob die Träume hier weiterführen oder ablenken, ob der andere in seine Träume flieht oder ob er hier eine hilfreiche Deutung und Weisung erfährt.

Die 2. Regel betrifft unsere Reaktion auf den Traum des andern. Wir sollen zuhören, nachfragen, den andern möglichst selbst hinter den Sinn seines Traumes kommen lassen. Wir können fragen, was er selbst zum Traum meine, wie er sich danach gefühlt habe, welches Thema er da angeschnitten sehe, wie der Traum seinen Istzustand beschreibe und was für Forderungen er an ihn erhebe. Dann können wir nach den einzelnen Bildern fragen, was er damit verbinde, welche Assoziationen ihm dazu einfallen. Normalerweise genügt das. Nur wenn man glaubt, es sei hier angebracht, kann man den andern auffordern, in der Rolle einer Traumfigur zu erzählen, was ihm spontan kommt.

Die 3. Regel bezieht sich auf unsere Deutung fremder Träume. Ich denke, wir sollten durchaus den Mut haben, selbst etwas zum Traum des andern zu sagen. Allerdings bedarf es da großer Vorsicht und eines guten Einfühlungvermögens. Zuerst müssen wir spüren, ob eine eigene Deutung angebracht ist oder ob die Deutung des andern genügt. Wenn wir selbst etwas sagen, so dürfen wir die Träume nicht absolut deuten, sondern nur die Themen anschneiden, die uns wichtig und für den andern hilfreich erscheinen. Wir dürfen den andern mit unserer Deutung nie überfordern, sondern ihn aufbauen, ihm Vertrauen vermitteln und einen Weg in die Zukunft eröffnen. Wir sollen so über den Traum sprechen, daß der andere sich freier und weiter fühlt, daß in ihm etwas lebendig wird und eine Quelle zu sprudeln beginnt.

Als 4. Regel erscheint mir wichtig, den Traum in ein konkretes geistliches Programm umzusetzen. Wir können dem andern Übungen vorschlagen, wie er das Thema des Traumes aufgreifen und für sich fruchtbar machen kann. Oder wir suchen nach einem geeigneten Bibeltext, den er auf dem Hintergrund seines Traumes meditieren soll. Wir sollen nicht beim Traum stehen bleiben, sondern ihn weiterführen durch das Wort Gottes, das darauf Antwort gibt und neue Horizonte eröffnet, durch eine geistliche Übung, die das Traumbild in den Leib bringt, oder durch eine Gewissenserforschung, die das bewußte Denken und Handeln im Licht des Traumcs genauer beleuchtet.

Es gibt sicher noch weitere Regeln für die Deutung der eigenen und der fremden Träume. Doch mir scheinen diese jeweils 4 Regeln zunächst einmal zu genügen. Wer sich auf die eigenen und fremden Träume einläßt, wird selbst entdecken, was für ihn die geeignete Methode ist. Ich wollte nur einen Anstoß geben, daß wir überhaupt darüber nachdenken, wie wir die Träume in unsern geistlichen Weg einbeziehen und wie wir in der geistlichen Begleitung damit umgehen.

Schluß

Die Gedanken über die Träume auf unserem geistlichen Weg wollen dazu ermuntern, die Träume ernst zu nehmen und sie in das geistliche Leben zu integrieren. Wir sollen damit rechnen, daß Gott nicht nur im Gebet und in der Stille zu uns spricht, sondern gerade auch in der Nacht. So heißt es schon im Ps. 16: „Ich preise den Herrn, der mich beraten hat. Auch mahnt mich mein Herz in der Nacht" (16,7). In der Nacht ist mein Herz zu Hause. So kann mich Gott besuchen und zu meinem Herzen sprechen. Oder in Ps 4 heißt es: „Bedenkt es auf eurem Lager, und werdet stille!" (Ps 4,5). In der Nacht sollen wir uns besinnen über das, was Gott uns sagen will. Wenn wir wach werden, dann sollen wir uns nicht ängstlich hin- und herwälzen und meinen, wir wären am nächsten Morgen nicht ausgeschlafen, wenn wir zulange wach bleiben. Wir sollen dann die Zeit nützen und mit Samuel sprechen: Rede Herr, dein Diener hört. Und wenn wir schlafen und träumen, so sollen wir damit rechnen, daß Gott uns Träume schickt und daß Gott zu uns im Traum spricht. Unser geistliches Leben wird sicher reicher, wenn wir auch den wichtigen Bereich der Nacht und des Traumes mit in unsern geistlichen Weg integrieren. Denn wir würden ja sonst viele Stunden unseres Lebens ausklammern. Wir sind immer vor Gott und mit Gott, und Gott ist immer bei uns und in uns, gerade auch in der Nacht, wenn wir daheim bei uns sind, wenn wir zurückfallen aus der Zerrissenheit des Alltags in die Einheit, wenn unser Herz sich zurücklehnt und eintaucht in das Reich des Unbewußten, in dem Gott keine Mauern zu durchbrechen braucht, um mit uns zu sprechen. Da ist seine Stimme nahe an unserem Ohr. Und wir könnten ihn leichter vernehmen, wenn wir ihm nur zutrauen, daß er da zu uns spricht, wo wir nichts Frommes tun können und wo so wenig Frommes sich zu melden scheint. Wenn wir mit den Alten Gottes vergessene Sprache in den Träumen entziffern, dann wird unser geistliches Leben echter und tiefer werden, freier und lebendiger, dann werden wir mit Leib und Seele ganz Ohr sein für den Gott, der uns anspricht, um uns zu heilen und uns das Leben zu schenken, das ewige Leben.

Dann wird der Geist Gottes die vielen Kräfte, die in uns schlummern, aufgreifen und verwandeln, dann wird der Reichtum der Bilder, die unsere Seele befruchten, in unser spirituelles Leben eingebracht, dann wird alles in uns lebendig. Um diese innere Lebendigkeit geht es auf unserem geistlichen Weg, um das Leben in Fülle, das sich in alle Winkel unseres Seins ergießen will, um auszustrahlen in unsere Welt. Denn, so sagt Jesus von sich: „Ich bin gekommen, damit sie das Leben haben und es in Fülle haben.“ (Joh 10,10)

ANMERKUNGEN

[1] Vgl. H. Hark, Der Traum als Gottes vergessene Sprache, Olten [2]1984, 76; Die Darstellung der biblischen Träume folgt in vielem den Ausführungen Harks.
[2] Vgl. M.T. Kelsey, Adventure Inward, Minneapolis 1980.
[3] Hark, Der Traum 89.
[4] Ebd. 128.
[5] M.T. Kelsey, Träume. Ihre Bedeutung für den Christen, Metzingen [2]1982, 75; Diesem Buch verdanken wir die Anregung zur vorliegenden Kleinschrift.
[6] Ebd. 77.
[7] A. Oepke, kat onar, in: Theologisches Wörterbuch zum NT, hrsg. v. G. Kittel, Stuttgart 1954, 238.
[8] Zit. in M. Boss, Der Traum und seine Auslegung, Regensburg 1974, 12f.
[9] Evagrius Pontikus, Praktikos. Über das Gebet, übers. und eingel. v. J.E. Bamberger, aus d. Engl. v. G. Joos, Münsterschwarzach 1986, 14; Die Zahlen in Klammern beziehen sich im Folgenden auf diese Ausgabe.
[10] Vgl. Kelsey, Träume 77.
[11] Vgl. ebd. 36.
[12] Zit. in Boss, Der Traum 13.
[13] Vgl. A. Faraday, Die positive Kraft der Träume, München [2]1984, 140 f.
[14] E. Aeppli, Der Traum und seine Deutung, Erlenbach-Zürich [5]1973, 191; Die Zahlen in Klammern beziehen sich im Folgenden auf dieses Buch.
[15] J.A. Sanford, Gottes vergessene Sprache, Zürich, 1966.
[16] Aeppli, Der Traum 194f.
[17] Kelsey, Träume 81.
[18] Ebd. 81.
[19] Vgl. Faraday, Die positive Kraft 40.
[20] Vgl. ebd. 44.
[21] Vgl. Kelsey, Träume 47.
[22] Faraday, Die positive Kraft 116; dort auch das folgende Zitat S. 117.

MÜNSTERSCHWARZACHER KLEINSCHRIFTEN

Schriften zum geistlichen Leben

ISSN 0171-6360

1	Grün, A., **Gebet und Selbsterkenntnis**	(1979) 56 S., DM 6,80
2	Doppelfeld, B., **Der Weg zu seinem Zelt**	(1979) 64 S., DM 7,80
3	Ruppert/Grün, **Christus im Bruder**	(1979) 56 S., DM 6,80
4	Hugger, P., **Meine Seele, preise den Herrn**	(1979) 84 S., DM 9,80
5	Louf, A., **Demut und Gehorsam**	(1979) 55 S., DM 6,80
6	Grün, A., **Der Umgang mit dem Bösen**	(1980) 84 S., DM 9,80
7	Grün, A., **Benedikt von Nursia**	(1979) 60 S., DM 6,80
8	Hugger, P., **Ein Psalmenlied, dem Herrn,** Teil 1	(1980) 72 S., DM 8,80
9	Hugger, P., **Ein Psalmenlied, dem Herrn,** Teil 2	(1980) 80 S., DM 9,80
10	Hugger, P., **Ein Psalmenlied, dem Herrn,** Teil 3	(1980) 80 S., DM 9,80
11	Grün, A., **Der Anspruch des Schweigens**	(1980) 72 S., DM 8,80
12	Schellenberger, B., **Einübung ins Spielen**	(1980) 52 S., DM 5,80
13	Grün, A., **Lebensmitte als geistliche Aufgabe**	(1980) 60 S., DM 6,80
14	Doppelfeld, B., **Höre – nimm an – erfülle**	(1981) 68 S., DM 7,80
15	Friedmann, E., **Mönche mitten in der Welt**	(1981) 76 S., DM 8,80
16	Grün, A., **Sehnsucht nach Gott**	(1982) 64 S., DM 7,80
17	Ruppert/Grün, **Bete und arbeite**	(1982) 80 S., DM 9,80
18	Lafrance, J., **Der Schrei des Gebetes**	(1983) 64 S., DM 7,80
19	Grün, A., **Einreden**	(1983) 78 S., DM 8,80
22	Grün, A., **Auf dem Wege**	(1983) 72 S., DM 8,80
23	Grün, A., **Fasten – Beten mit Leib und Seele**	(1984) 76 S., DM 8,80
25	Kreppold, G., **Die Bibel als Heilungsbuch**	(1985) 80 S., DM 9,80
26	Louf/Dufner, **Geistliche Vaterschaft**	(1984) 48 S., DM 5,80
28	Schmidt, M.-W., **Christus finden in den Menschen**	(1985) 48 S., DM 5,80
29	Grün/Reepen, **Heilendes Kirchenjahr**	(1985) 88 S., DM 10,80
30	Durrwell, F.-X., **Eucharistie – das österl. S.**	(1985) 76 S., DM 8,80
31	Doppelfeld, B., **Mission**	(1985) 62 S., DM 7,80
32	Grün, A., **Glauben als Umdeuten**	(1986) 68 S., DM 7,80
34	Bar, C. de, **Du hast Menschen an m. Weg gest.**	(1986) 56 S., DM 6,80
35	Kreppold, G., **Kranke Bäume – Kranke Seelen**	(1986) 80 S., DM 9,80
36	Grün, A., **Einswerden**	(1986) 80 S., DM 9,80
37	Community, B., **Regel für einen neuen Bruder**	(1986) 48 S., DM 5,80
39	Grün, A., **Dimensionen des Glaubens**	(1987) 80 S., DM 9,80
41	Domek, J., **Gott führt uns hinaus ins Weite**	(1987) 72 S., DM 8,80
44	Grün/Reitz, **Marienfeste**	(1987) 80 S., DM 9,80
45	Domek, J., **Segen – Quelle heilender Kraft**	(1988) 76 S., DM 8,80
46	Grün/Reepen, **Gebetsgebärden**	(1988) 72 S., DM 8,80
47	Kohlhaas, E., **Es singe das Leben**	(1988) 60 S., DM 6,80
50	Grün, A., **Chorgebet und Kontemplation**	(1988) 68 S., DM 7,80
51	Doppelfeld/Stahl, **Mit Maria auf dem Weg d. Gl.**	(1989) 68 S., DM 7,80
52	Grün, A., **Träume auf dem geistlichen Weg**	(1989) 68 S., DM 7,80
53	Kreppold, G., **Die Bergpredigt,** Teil 1	(1989) 88 S., DM 10,80
54	Kreppold, G., **Die Bergpredigt,** Teil 2	(1989) 72 S., DM 8,80